मीराँ

लेखक की अन्य पुस्तकें

तुलसी

कबीर

रहीम

सुरदास

कालजयी कवितामाला - ५

अबिनासी गिरधर की

मीराँ

परिचय, संग्रह, सम्पादन

प्राणनाथ पंकज

रूपा एण्ड कंपनी

प्रथम प्रकाशन : 2001

प्रकाशक : रूपा एण्ड कंपनी
7/16, अंसारी रोड, नई दिल्ली 110 002
कार्यालयः
15, बंकिम चटर्जी स्ट्रीट, कोलकत्ता 700 073
135, साउथ मलाका, इलाहाबाद 211 001
पी. जी. सोलंकी पथ, लैमिंगटन रोड,
मुम्बई 400 007
'सुर्या श्री', बी 6, न्यु 66, शंकर पार्क
बसवनगुडी बैंगलौर 560 004
36, कुट्टी स्ट्रीट नुंगमबाक्कम,
चेन्नई 600 054

टाइप सेटर्स : निकिता ओवरसीज़ प्राइवेट लिमिटेड
19-ए अंसारी रोड, दरियागंज,
नई दिल्ली-110 002

मुद्रक : गोपसन्स पेपर्स लिमिटेड
ए-14 सेक्टर 60, नौएडा

ISBN 81-7167-541-7

पुत्री और प्रिय सखी

भावना को

मीराँ के भावजगत् की झाँकी से अधिक उपयुक्त

उपहार तुम्हारे लिए और क्या

हो सकता है?

अनुक्रम

पदावली

....और अंत में आरती के दो पद....

प्राक्कथन

कालजयी कवितामाला में अब तक हम तुलसी, कबीर, रहीम और सूरदास की रचनाओं के कुछ अंशों के साथ साथ उनके जीवन और काव्य-प्रक्रिया को संक्षेप में प्रस्तुत कर चुके हैं। पाठकों से हमारा निवेदन रहा है कि हमारे इस प्रयास को वे इन महाकवियों के प्रति हमारी श्रद्धासंयुत प्रणामांजलि के रूप में ही देखें। इस कवितामाला के अनुशीलन के परिणामस्वरूप यदि वे इन रचनाकारों के विस्तृत रचनासंसार और उनके व्यक्तित्व के गहन स्नान-स्वाध्याय के लिए अभिप्रेरित हो सकेंगे तो हमारा यह प्रयास कृतार्थ हो जाएगाा। वैसे जो केवल चरणामृत के पिपासु हैं उनके लिए तो संभवतः यह कवितामाला ही पर्याप्त है।

इस कड़ी में अब हम प्रस्तुत कर रहे हैं दरददीवानी, गिरिधरनागर की अनन्य उपासिका मीराँ को। भारतीय साहित्य में नारियों के योगदान की बात हो, भक्ति काव्य की परम्परा के शीर्षस्थ कवियों का उल्लेख हो या फिर मध्ययुगीन हिन्दी साहित्य के इतिहास के अध्ययन और मनन का प्रयास, मीराँ और उनके गीतों को जाने, समझे तथ हृदयंगम किए बिना इनमें से कुछ भी पूरा नहीं हो सकता। पर जिन की इस सारे बौद्धिक क्रियाकलाप में रुचि नहीं है और जो केवल विरह के रस में डूबी, आकुल अन्तर्वेदना की साकार अभिव्यक्ति की तलाश में हैं, उनके लिए तो मीराँ की पदावली से बढ़ कर कहीं भी और कुछ नहीं है। उमड़ते घुमड़ते सावन के मेघ हों या वसन्त की ऋतु में होली का उत्सव, वृन्दावन की कुंजगली हो या अपने अन्तःकक्ष में प्रियतम के लिए सजाई सूनी सेज, मीराँ के प्रतीक्षारत प्राण अपने गिरिधरनागर के लिए ऐसे

व्याकुल रहते हैं जैसे परमात्मा से बिछुड़ा हुआ जीवात्मा, विभु से वियुक्त अणु और समुद्र से बिछुड़ी सरिता अपने स्रोत तक पहुँचने के लिए अकुलाती, छटपटाती रहती है। मीराँ का गान मात्र कविता नहीं है, यह उन सब भावनाओं का द्रवीभूत अश्रुप्रवाह है जो हम सभी के हृदयों में जाने, अनजाने बहता है, पर इस के बावजूद मीराँ का अन्तरंग है, एकदम निजी है, अपना है।

मीराँ के पदों की कुल संख्या कितनी थी? क्या उन्होंने केवल राजस्थानी भाषा में ही रचना की थी या गुजराती और व्रजभाषा में भी? या फिर उन्होंने इन तीनों भाषाओं से निःसंकोच शब्द उठा कर मिली जुली भाषा में अपने भावों को वाणी दी थी? क्या उन्होंने पंजाबी भाषा का भी प्रयोग किया था? विद्वान् समालोचकों के अपने अपने निष्कर्ष हैं, अपनी अपनी मान्याताएँ और अपने अपने आग्रह भी।

उन सब मान्यताओं को हमने मीराँ के प्रति उन विद्वान् महानुभावों के स्नेह और आदर का ही पर्याय माना है और विभिन्न उपलब्ध स्रोतों से मीराँ के एक सौ इक्यावन पद इस संग्रह के लिए एकत्र किये हैं। मीराँ के विरह रस की सरिता का एक छोटा सा प्रवाह इधर मुड़ कर आया है, अन्ततः उसी सरिता में ही फिर किसी मुकाम पर जा मिलने के लिए। इस बीच इस घाट पर आइए, इस विरह-पीयूष में स्नान कर के, इस का पान कर के, हम उस आनंद का हल्का सा अनुभव तो कर ही लें जो अशुभ से, अमंगल से, त्राण दिलाता है—यज्ज्ञात्वा मोक्ष्यसेऽशुभात्।

—सम्पादक

मेरा दरद न जाणे कोय

क्या होती है पीड़ा की परिभाषा? कहाँ से आती है पीड़ा और आकर पूरे अस्तित्व को बसेरा बना लेती है, ऐसे कि तन-मन-प्राण पीड़ामय हो जाते हैं और जीवन पीड़ा का गान बन जाता है, शोक श्लोक हो जाता है और हृदय कवि?

अनुभूति की भी क्या कोई परिभाषा हो सकती है? जब हम अनुभूति में, अनुभूतिमय, होते हैं, पीड़ा में, पीड़ामय, होते हैं, तो शब्द कहाँ होते है वहाँ? उस अनुभूति से लौट कर, उसकी स्मृति को शब्द देने का निर्बल, असफल, प्रयास करते हैं हम।

तो कैसे बताए कोई किसी को कि यह पीड़ा क्या है? कैसी है? बता भी सके तो सुन कर कोई बूझेगा कैसे?

भीखा बात अगम्म की कहन सुनन की नाहिं।
जो बूझे भाखै नहीं भाखै सो बूझे नाहिं।।

कुछ लक्षणों से ही बताया जा सकता है। चिकित्साशास्त्री कहते हैं कि पीड़ा शरीर के किसी भाग में उठने वाली एक असुखद संवेदना है। पर पीड़ा यदि शरीर की न हो, उसके किसी भाग की न हो और शरीर केवल प्रतीक बन कर रह जाए तो?

सब सखियन मिलि सीख दई मन एक न मानी हो।
बिन देख्याँ कल नाहिं पड़त जिय ऐसी ठानी हो।

अंग छीन ब्याकुल भई मुख पिय पिय बानी हो।
अन्तरबेदन बिरह की वह पीड़ न जानी हो।

बाहर कोई घाव नहीं दिखता पर रोम रोम में पीड़ा व्याप्त है—

बाहर घाव कछू नहीं दीसै रोम रोम दी पीर।

खाना अच्छा नहीं लगता, नींद नहीं आती, घायल जैसी घूमती हूँ पर मेरे दर्द को कोई समझता नहीं—

धान न भावै नींद न आवै बिरह सतावै मोय।
घायल घूमत फिरूँ रे मेरा दर्द न जाणै कोय।।

मन सदा उदास रहता है, हृदय तड़पता रहता है, व्याकुल प्राणों को किसी प्रकार भी धीरज प्राप्त नहीं होता, एक पल के लिए भी चैन नहीं मिलता—

सदा उदासि रहै।...तलफ तलफ जिव जाय हमारो।...
ब्याकुल प्राण धरत नहि धीरज।... कल न परत मन मोय री...

कोई दवा, कोई इलाज, कोई वैद्य, इस पीड़ा को मिटाने में समर्थ नहीं है—दरद की मारी बन बन डोलूँ बैद मिल्या नहिं कोय...

वेदना, पीड़ा, विरह के यह सब लक्षण... "असुखद संवेदना"?

आश्चर्य तो यह कि यह असुखद किसी भी प्रकार से नहीं है। ऐसा दुःख है, जिसे यह प्राप्त हो जाता है, वह इसे हृदय का हार बना कर रख लेती है। पीड़ा का सुख और सुख की पीड़ाः जिस भाग्यशालिनी के हिस्से

आए हैं उसे पूछ कर तो देखिये। सुना है कि श्रीराधा के अंग पर बहुत पहले किसी दिन कन्हैया ने नखक्षत सजा दिया था। वे उसे भरने ही नहीं देती थीं। उस पीड़ा के आनंद की अनुभूति ही प्रियतम के सान्निध्य की अनुभूति बन जाती है। विरह ही चरम मिलन बन जाता है। अपने ही नेत्रों से बहते आँसू जब कपोलों का स्पर्श करते हैं तो प्रियतम की स्निग्ध अंगुलियों की छुवन का अहसास होता है। डूब जाता है 'मैं', 'मेरा अस्तित्व'। जिसने पीड़ा दी है, सर्वत्र शेष वही रह जाता है, बल्कि जब 'मैं' का प्रयोग करती हूँ मैं, तो उसका अर्थ भी सदा 'तू' ही होता है।

याद है? शरत्पूर्णिमा की रात्रियों में श्यामसुंदर रमण करते करते जब गोपियों को छोड़ कर चले गए थे तो गोपियों की दशा क्या हो गई थी? उनकी लीलाओं और गुणों का स्मरण करते करते, उनके वियोग के आँसुओं में भीगते भिगोते वे कृष्ण ही बन गई थीं; और क्या क्या कहने लगीं थीं!

"मित्रो! मैं कृष्ण हूँ, मेरी इस ललित चाल को देखो"..."अरे व्रजवासियो! तुम आँधी और बरसात से डरो मत, मुझे उनसे बचाने के उपाय का पता है"..."अरे ग्वालो! देखो, वन में बड़ी भयंकर आग लगी है। तुम लोग जल्दी से अपनी आँखें बंद कर लो, मैं सहज ही तुम लोगों की रक्षा कर लूँगा।"[१]

---

१ कस्यांचित् स्वभुजं न्यस्य चलन्त्याहापरा ननु। कृष्णोऽहं पश्यत गतिं ललितामिति तन्मनाः।।
मा भैष्ट वातवर्षाभ्यां तत्त्राणं विहितं मया। इत्युक्त्वैकेन हस्तेन यतन्त्युन्निदधेऽम्बरम्।।
तत्रैकोवाच हे गोपा दावाग्निं पश्यतोऽल्बणम्। चक्षूंष्याश्वपिदध्वं वो विधास्ये क्षेममञ्जसा।।
श्रीमद्भागवत १०/३०/१९-२०,२२

विरहजन्य पीड़ा की चरम परिणति है तद्रूपता। अपने प्रेमास्पद का स्वरूप हो जाना, वैसी ही लीला करना, वैसा ही वेष धारण कर लेना। ''मैं'' का लय हो जाना।

''तूँ तूँ करता तूँ भया''

'दासोऽहम्'—मैं दास हूँ—से 'सोऽहम्—मैं स्वयं वह हूँ—के सोपान तक ले जाने वाली विरह की इस पीड़ा से और उस पीड़ा से प्राप्त होने वाले निरतिशय आनन्द से मुक्ति कौन चाहेगा?

x x x x x x x x x

तिल तिल कर जल रही हूँ, नैन बाण मेरे अन्तरतम का भेदन कर गया है। ऐसा नहीं कि मुझे मेरे मर्मस्थल पर लगे घाव का भान नहीं है। ऐसा भान है कि करवटें बदलते बदलते रात बीतती है, फिर करवट लेते लेते भी थक जाती हूँ। हर साँझ प्रियतम की राह तकती हूँ, सेज सजाती हूँ, हर रात उस पर प्रियतम की उपस्थिति को टटोलती हूँ और उसे ख़ाली पाकर काशी-करवत[१] लेने तक का निर्णय कर लेती हूँ। पर फिर उस मदनमोहन की बाँकी छवि का स्मरण करके उसमें प्राण अटक जाते हैं। फिर अटारियों पर चढ़ चढ़ कर उसका पंथ निहारने लगती हूँ। वर्षा ऋतु में जब पपीहा बोलने लगता है तो मैं उत्सुकता से अपने कानों को उस ओर लगा देती हूँ जिधर से उसका स्वर आता है। मुझे लगता है कि वह मुझे मेरे श्रीकृष्ण के आने की सूचना दे रहा है। पर कृष्ण तो नहीं आते...

---

[१] काशी जा कर मोक्ष प्राप्त करने की वह मान्यता जिसके अन्तर्गत लोग इस स्थान पर जा कर आरे से कट कर अपनी बलि दे देते थे।

फिर मुझमें उत्साह एक नई हिलोर लेता है। कई दिनों से राह देखते देखते मुझे लगता है कि साजन तो घर आया बैठा है। मैं सहेलियों को पुकार कर कहती हूँ कि वह आया है। मैं उसके स्वागत का सामान तैयार करती हूँ, आरती सजाती हूँ। फागुन आरहा है। उसके साथ होली खेलनी है। पर हाय रे भाग्य! यहीं तो था वह, कहाँ चला गया? अब कैसी होली?

प्रतीक्षा करते करते नेत्र दुखने लगे हैं। और इतनी रातें जागते जागते पिछली रात जब श्यामसुंदर आता है तो मैं नींद में डूबी, उसे देख नहीं पाती, वह लौट जाता है। सब मुझसे नाराज़ हैं, सब कहते हैं मैं कुल कलंकिनी हूँ, पग़ली हूँ। पर मुझे इससे क्या लेना देना? मैं तो अपने साँवरे के रंग में डूबी हूँ, संत समुदाय के बीच, लोकलाज को त्याग कर साँवरे के गुण गाना-सुनना ही मुझे अच्छा लगता है। मृत्यु का भय मुझे रहा नहीं। साँवरे के बिना जीना वैसे भी कोई जीना है? पर मुझे मारने के प्रयत्न भी तो बेकार हो गए हैं।

राजमहल में मेरा मन टिकता नहीं। ऊँचे भवन की सीढ़ियों से उतर कर नीचे आ गई हूँ। गोविन्द के गुण गाऊँगी। गिरिधर के आगे नाचूँगी, उसे रिझाऊंगी। सद्‌गुरु ने जो रास्ता बताया है, उस पर चलते चलते वृंदावन जाऊँगी, वहीं जा बसूँगी, नहीं तो रणछोड़ जी के दर्शन करने द्वारिका भी जाऊँगी....

x x x x x x x x x

विरह की पीड़ा के ये सब लक्षण! आँसुओं के जल से सींच सींच कर बोई गई इसी बेल पर तो आनन्द का फल उगता है—

अँसुवन जल सींचि सींचि प्रेम बेल बोई।
अब तो बेल फैल गई आनँद फल होई॥

—आनंद, जो कृष्ण है, ब्रह्म है। जिसका अनुभव होते ही सर्वत्र उसी परतत्त्व की अनुभूति होती है। जिसके अनुभव के बिना सब निःसार प्रतीत होता है और जिसका अनुभव होने पर एकमात्र वही सार दिखाई देने लगता है।

अणु—अल्प, विभु—भूमा—की तलाश में व्याकुल हो कर दौड़ता है क्योंकि अल्प में आनंद नहीं है—नाल्पे सुखमस्ति।[१]

सरिता जल जलनिधि महँ जाई।
होइ अचल जिमि जिव हरि पाई।।[२]

यह तो उद्धव की भाषा है। पीड़ा का स्वर नहीं। पर पीड़ा की पराकाष्ठा ही तो ब्रह्मज्ञान है न? यही तो मेरे सद्गुरु भी कहते हैं।

x x x x x x x x x

कौन सी बात से शुरू हुई थी यह बात? और किसने शुरू की थी? यही दिव्य विलक्षणता है पीड़ा के देश की जहाँ श्यामसुंदर की झाँकी होती है। पर्दा हटता है, फिर आ जाता है—ठाकुर 'साफ़ छिपता भी नहीं, सामने आता भी नहीं।'[३] कोई यह याद नहीं रख पाता कि बात कहाँ से शुरू होती है, किन कड़ियों को छूती चलती आगे बढ़ती है, कहाँ समाप्त होती है। अनादि-अनन्त की बात का भी भला कुछ आदि-अन्त होता है? यह तो हमारी परिधियाँ है जिनमें हम सिमटते बिखरते रहते हैं।

---

[१] छान्दोग्योपनिषद् [२] रामचरितमानस [३] वृंदावन के बाँके बिहारी जी के मंदिर में ठाकुर जी के विग्रह के आगे पर्दा बराबर हटता और फिर होता रहता है, निरन्तर दर्शन नहीं होते।

और हम कौन? मीराँ, उसकी ही भावरूपा कोई संगिनी या मैं? मैं जो मीराँ के भाव देश में जाकर पीड़ा की परिभाषा ढूँढने का अभिमान करती थी और क्षणांश में ही स्वत्व खोकर पीड़ा के प्रवाह में बहने लगी थी? कौन जाने यहाँ, इस अभिव्यक्ति में, कौन है! जानना शायद संभव नहीं है, वांछित तो बिल्कुल नहीं।

सुना है वृंदावन में आचार्य जीव गोस्वामी रहते थे, वे स्त्रियों से नहीं मिलते थे। मीराँ आईं, उनसे मिलने की इच्छा प्रकट की तो उत्तर मिला आप स्त्री हैं, मैं पुरुष। मिलना संभव नहीं है। मीराँ ने कहा, आश्चर्य है, मैंने तो अब तक यही जाना था कि वृंदावन में गिरिधर को छोड़ कर दूसरा पुरुष है ही नहीं....और जीव गोस्वामी दौड़ कर मीराँ से मिलने चले आए थे।

सचमुच, मीराँ के गिरिधर के वृंदावन में दूसरा पुरुष तो है ही नहीं। तो प्रणाम मीराँ की तलाश करती एक सखी का। तलाश, मीराँ के ही पदों में।

—प्राण पंकज

परिचय

विरह और प्रेम की विलक्षण गायिका मीराँ का स्मरण आते ही, भक्तिदर्शन के सिद्धान्तों को प्रतिपादित करने वाले प्रसिद्ध नारद भक्तिसूत्रों[1] का भी स्मरण हो आता है। इन में से कुछ, संबंधित सूत्रों का उल्लेख किए बिना, हमारे विचार में मीराँ से परिचय हो पाना अत्यंत कठिन है। अतः हम उन सूत्रों के साथ इस परिचय को प्रारंभ कर रहे हैं:

- भक्ति परमप्रेमस्वरूपिणी, अमृतस्वरूपिणी है। भक्ति में उपास्य के प्रति अनन्यभावना होती है, और उसका विरोध करने वालों के प्रति उदासीनता रहती है। नारद जी के मत में भक्ति का लक्षण यह है कि सभी कर्मों को उपास्य को समर्पित कर दिया जाता है तथा क्षण भर के लिए भी उसका विस्मरण होने पर हृदय अत्यंत व्याकुल हो उठता है। अपने प्रेमास्पद में परम अनुराग का भाव होते हुए भी उसके माहात्म्य का, उसके परमेश्वर होने का ज्ञान बराबर रहता है, क्योंकि यदि ऐसा न हो तो वह सांसारिक प्रेम–कामभावना–के स्तर पर ही आ जाएगा। प्रतिक्षण उसी के भजन में बीतता है, सांसारिक कार्य करते हुए भी उस के गुणों का कीर्तन, श्रवण निर्बाध रूप से चलता रहता है। भक्त अपने आराध्य और उसके प्रेमी भक्तों में कोई अन्तर नहीं मानता।[2]

---

[1] संस्कृत के सूत्र साहित्य में नारदभक्तिसूत्रों का भक्ति दर्शन में विशेष स्थान है। इसमें केवल ८४ सूत्र हैं। नारद का उल्लेख ऋग्वेद में भी हुआ है, आदिकवि वाल्मीकि को रामायण के नायक श्रीराम का परिचय देने वाले नारद ही थे और देवर्षि नारद के रूप में पौराणिक साहित्य के भी वे अत्यंत प्रसिद्ध पात्र हैं। यह रचना उन्हीं के नाम से प्रसिद्ध है। आधुनिक विद्वान् इसका रचनाकाल १२वीं शताब्दी मानते हैं। [2] सूत्र सं. २, ३, ९, १९, २२, २३, ३६, ३७, ४१

- प्रेम के स्वरूप का वर्णन वाणी द्वारा नहीं किया जा सकता जैसे गूंगे का स्वाद। इस प्रेम का प्रकाश किसी विरले पात्र में ही होता है। यह गुण रहित, कामना रहित, प्रतिक्षण बढ़ने वाला, अविच्छिन्न, सूक्ष्मातिसूक्ष्म अनुभव है। उस की प्रप्ति हो जाने पर फिर उसी का दर्शन, उसी का श्रवण, उसी का चिन्तन होता है। क्योंकि भक्त स्वयं को, लोकाचार को और वेदाचार को आराध्य के प्रति समर्पित कर देता है, अतः उसे लोकहानि की चिन्ता नहीं करनी पड़ती। उस की दृष्टि में जाति, विद्या, रूप, कुल, धन, कर्म आदि के कारण एक दूसरे के प्रति भेदभाव नहीं रहता। अपने उपास्य के गुणों में, माहात्म्य में, रूप, पूजा और स्मरण में अनुराग बना रहता है, दास्य भावना रहती है, सख्य भावना रहती है, वात्सल्य भावना रहती है, कान्त (पति, प्रियतम) भावना रहती है, आत्मनिवेदन की भावना रहती है, उसी में 'स्व' को लय कर देने—तन्मय हो जाने—की भावना रहती है तथा आत्यन्तिक विरह का भाव रहता हैः और, यद्यपि ये सब भाव एक एक, अलग अलग हैं, पर इनमें से एक भाव के आ जाने पर भी शेष सब स्वयं आ जाते हैं।[१]

- संसार की निन्दा से निर्भय रहते हुए.....भक्ति के आचार्य ऐसा कहते हैं।[२]

अपने गीतों के बीच में से झाँकती हुई, गिरिधर के प्रेम में आपादमस्तक डूबी हुई मीराँ का जो चित्र हमारे नेत्रों के आगे आता है, वह इन्हीं भक्तिसूत्रों की जीती जागती प्रतिमा का चित्र है। कृष्णप्रेमस्वरूपिणी मीराँ को अपने नंदनंदन के अतिरिक्त और किसी का विचार ही नहीं आता था, अपने से विरोध करने

---

[१] सूत्र सं. ५१, ५२, ५३, ५४, ५ [illegible] ६१, ७२, ८२। [२] सूत्र सं. ८३।

वालों, अपने प्रियतम से विरोध करने वालों का उसे न भय था, न चिन्ता। मीराँ का प्रत्येक कार्य—देखना, सुनना, सजना, सँवरना, रोना, गाना, नाचना, दही का बिलोना, सेज का सजाना, जागना, प्रियतम की बाट जोहते जोहते थक कर कभी कुछ क्षणों के लिए सो जाना, पर जागते ही यह सोच कर कि वे आए और लौट गए, व्याकुल हो जाना, छत पर चढ़ कर उनके आने की प्रतीक्षा करना, न आने पर आँखों के दुखने की शिकायत करना—मीराँ का प्रत्येक, श्वास निःश्वास, अपने प्राणवल्लभ के लिए है। गिरिधर के प्रति उनका पति भाव है, पर यह भाव इस निश्चय के साथ है कि उसने जिस सुहाग का वरण किया है वह जन्मने और मरने वाला नहीं, अविनाशी है, अतः उसका प्रेम संसार के स्त्री-पुरुषों का सा प्रेम नहीं है।

मीराँ को न लोकमर्यादा की चिन्ता है, न वेदमर्यादा की। वह तो इन दोनों से बेखबर, लाज-शर्म को त्याग, मान-अपमान को पटक कर ज्ञान की गली में निकल पड़ी है। उसे या तो अपने प्राणेश्वर से मतलब है या उसके भक्तों-सन्तों से, अपने सद्‌गुरु से, जिन्हें वह गिरिधर का ही रूप मानती है। मीराँ पतिपरमेश्वर नहीं, परमेश्वर-पति के विरह में डूबी है, और इसी विरहावस्था में उसे मिलन का आनन्द भी प्राप्त होता है और भक्ति के अन्य सभी लक्षण भी उसमें प्रकट होते हैं।

मीराँ की निन्दा करने वालों की भी कमी नहीं है। उसका देवर तो अपने वंश की प्रतिष्ठा को ख़तरे में पड़ा देख उसे मारने का प्रयास करता है, सास-ननद उसके पीछे पड़ी हैं, रिश्तेदार उसे 'कुलनासी' कहते हैं। पर मीराँ तो निर्भरा भक्ति में मग्न है। इस निन्दा-स्तुति से भरे संसार से उसका कुछ भी लेना देना नहीं है। पराभक्ति के जिस सोपान पर मीराँ बैठी है, वहाँ तो यह सारी दुनियादारी अर्थहीन हो जाती है।

कहते हैं मीराँ के गाँव में एक बारात आई। छोटी सी मीराँ। माँ से पूछने लगी, मेरा विवाह किससे होगा? माँ हँस दी, और सामने प्रतिष्ठित मूर्ति की ओर इशारा करते हुए बोली, तेरा विवाह गिरिधरलाल जी से होगा। बालिका के मन में बात बैठ गई कि गिरिधरलाल ही उसके पति हैं।

यह भी कहा जाता है कि मीराँ के घर आकर एक साधु रुके। उनकी पूजा में गिरिधरलाल जी की मूर्ति थी। मीराँ ने उसे देखा, उसी को लेने का हठ करने लगी। साधु मूर्ति ले कर विदा तो हो गए, पर अगले पड़ाव पर स्वप्न में गिरिधर ने आकर आदेश दिया कि लौट कर यह मूर्ति मीराँ को दे आओ। वही साधु ने किया भी।

यही थे 'मीराँ के प्रभु गिरधर नागर'!

मीराँ का जन्म काल तो विवाद का विषय है ही, उनके जीवन की अधिकतर घटनाएँ, उनके गुरु का नाम, उनकी रचनाओं की भाषा आदि भी विवाद के घेरे में ही हैं। सच तो यह है कि तुलसी, सूर, कबीर तथा भारत के अन्य अनेकानेक भक्त कवियों की भाँति ही मीराँ भी आत्मज्ञापन से कोसों दूर अपने आराध्य के गुणगान में, उस के स्मरण-चिन्तन में ऐसी डूबी थी कि अपने संबंध में कुछ कहने का तो विचार भी उसके पास नहीं फटकता था। प्रसंगवश अथवा पीड़ावश उसने कहीं कही कुछ अपने विषय में, अपने पदों में अवश्य कहा है, पर इस कथन में आत्मकथ्य की भावना न हो कर संसार के प्रति वितृष्णा और गिरिधर के प्रति अनुराग के भाव ही मुख्य हैं।

मीराँ के जीवन और साहित्य के विभिन्न अध्येताओं ने मीराँ के जन्म की तिथि के संबंध में जो निष्कर्ष प्रस्तुत किए हैं, उनके अनुसार मीराँ का

जन्मकाल विक्रमाब्द १५०३ से लेकर विक्रमाब्द १६०३ तक के बीच—१५०३ से १५०५, १५५५ से १५६१, १५५५ से १६०३—कहीं भी ठहराया जा सकता है। पर विभिन्न प्रकार की शोध और उपलब्ध अंत:साक्ष्य के आधार पर अधिकतर विद्वानों द्वारा स्वीकृत मत यही है कि मीराँ का जन्म श्रावण शुक्ला १, संवत् १५६१ वि० (१५०४ ई० के लगभग) हुआ था।

जन्मतिथि की भाँति ही जन्मस्थान को लेकर भी मतैक्य नहीं है। कुछ लोग 'चौकड़ी' नामक गाँव को मीराँ का जन्मस्थान मानते हैं। अन्य लोग कुड़की गाँव को मीराँ की जन्मभूमि कहते हैं। मीराँ के दादा राव दूदाजी ने मेड़ता नगर बसाया था। मीराँ ने अपने एक पद में लिखा है: "मेड़तिये घर जन्म लियो है, मीराँ नाम कहायो"। इसका अर्थ जहाँ कुछ लोग यह लगाते हैं कि मीराँ का जन्म मेड़ता में हुआ था, वहाँ अन्य इसे इस बात का संकेत मानते हैं कि मीराँ मेड़ता वंश की राठौड़ थीं।

मीराँ की माँ का देहान्त बचपन में ही हो गया था। मीराँ के पिता राव रतनसिंह, जोधपुर के संस्थापक राजा राव जोधा जी के पौत्र थे। माँ की मृत्यु के पश्चात्, मीराँ के दादा, राव दूदा जी ने उन्हें मेड़ता में ही बुला लिया और यहीं उनका लालन पालन प्रसिद्ध भक्त जयमल जी के साथ, जो कि मीराँ के ताऊ वीरमजी के पुत्र थे, हुआ था। स्वयं राव दूदाजी अत्यंत धार्मिक प्रवृत्ति के थे। उन्होंने मेड़ता में भगवान् चतुर्भुज का एक मंदिर भी बनवाया था। इस प्रकार ईश्वर प्रेम के संस्कार मीराँ को बाल्यावस्था में ही प्राप्त हो गए थे।

मीराँ के विवाह के विषय में भी अनेक मत रहे हैं। पर अब यह लगभग पूर्णतया मान लिया गया है कि मीराँ का विवाह राणा सांगा के दूसरे पुत्र,

सिसोदिया वंश के भोजराज के साथ हुआ था। पर मीराँ के भाग्य में तो नश्वर दाम्पत्य सुख था नहीं। भोजराज एक युद्ध में मारे गए। थोड़े समय पश्चात् ही बाबर से युद्ध करते हुए मीराँ के पिता रतनसिंह वीरगति को प्राप्त हो गए। इसके पश्चात् मीराँ के ससुर महाराणा सांगा की भी मृत्यु हो गई। मीराँ अनाथ, निराश्रित हो गई।

मीराँ के जन्म, जन्म स्थान, गृहस्थ जीवन के साथ जुड़े विवादों का समाधान कुछ भी क्यों न हो, "उन्होंने अपने प्रेमकाव्य से रसिकशेखर नन्दनन्दन को रिझा लिया था ही, यह नितान्त सत्य है।" "उनकी अलौकिक तपस्या ने सिद्ध कर दिया कि राजमहल में रहने वाली राजरानी राजकीय वैभवों पर लात मारकर व्रज की गली गली में भगवान् की खोज करने में आकाश-पाताल एक कर सकती है, पाषाण में प्रतिष्ठित भगवत्प्रतिमा से प्रत्यक्ष संलाप कर सकती है।"[१]

पर मीराँ का अपने गिरिधर के साथ यह संलाप, राजवंश की आँख की किरकिरी बन गया था। मीराँ का देवर, राव विक्रमाजीत, न तो यह पसंद करता था कि मीराँ साधु-संतों के बीच निःसंकोच नृत्य-संकीर्तन करे, न यह कि मीराँ लोक मर्यादा और अपने कुल के सम्मान को तिलांजलि दे कर गिरिधर को अपना पति माने और दीवानी हो कर उस का गुण गान करती फिरे।

मध्ययुग का भारत, फिर राजस्थान, और उस पर मीराँ के रूप, यौवन पर वैधव्य का आघात! मीराँ का जीवन तो सामान्य परिस्थितियों में ही असह्य

---

[१] नारी अंक ('कल्याण' के बाइसवें वर्ष–१९४८–का जनवरी अंक) पृष्ठ ६२४

हो जाता और उसके ससुराल वाले उसे घर के किसी अंधकारग्रस्त कोने में शेष जीवन बिताने के लिए छोड़ देते। पर मीराँ के पाँवों में घुंघरू थे, आँखों में प्रेमाश्रु थे, पूरे शरीर में थिरकन थी, कंठ में स्वर थे, अधरों पर गीत था...मीराँ तो नाच रही थी...

पग घुंघरु बाँध मीराँ नाची रे।

मैं तो मेरे नारायण की हो गई आपहि दासी रे....

यह नृत्य कोई सांसारिक कला-क्रिया नहीं थी। यह तो मीराँ की अलौकिक भाव-साधना का अपने भुवनमोहन कृष्ण को अद्भुत अर्ध्य था। पर इसे मीराँ की दृष्टि से उसके परिवार वाले या अन्य लोग कैसे देख पाते?

लोग कहैं मीराँ भई बावरी, न्यात कहै कुलनासी रे।

राणा ने मीराँ को मारने के लिए पिटारी में सांप को बंद करके भेजा, मीराँ ने खोला तो उसे शालिग्राम के दर्शन हुए। राणा ने विष का प्याला भेजा, वह अमृत हो गया। शूलों की शय्या सोने के लिए भेजी; शूल फूल बन गए:

साँप पिटारा राणा भेज्या, मीराँ हाथ दियो जाय
न्हाय धोय जब देखन लागी, सालिग्राम गई पाय
जहर का प्याला राणा भेज्या, इम्रित दीन्ह बनाय
न्हाय धोय जब पीवन लागी, हो गई अमर अँचाय
सूल सेज राणा ने भेजी दीज्यो मीराँ सुलाय
साँझ भई मीराँ सोवण लागी मानो फूल बिछाय

सास मीराँ के गिरिधर के प्रति अनुराग के कारण बहुत नाराज़ रहती थी। मीराँ की ननद ऊदाँ भी अपनी माँ को मीराँ के विरुद्ध भड़काने मे कोई

कसर नहीं छोड़ती थी। मीराँ का वैधव्य, राणा परिवार द्वारा दी गई शारीरिक और मानसिक यातनाओं से संभवतः कई गुणा अधिक कष्टकर हो उठता पर मीराँ को तो अपने वैधव्य की नहीं शाश्वत सुहाग की अनुभूति ही सदैव घेरे रहती थी:

ऐसे बर को क्या बरूँ जो जनमै अरु मर जाय
बर बरिये एक साँवरो री (म्हाँरो) चुड़लो अमर हो जाय

मीराँ ने लोक लाज का त्याग कर दिया। संतों के संग बैठ कर गिरिधर का गुण गाने में ही उसका सारा समय बीतने लगा।

मीराँ के गुरु कौन थे? यह प्रश्न भी मतभेदों के केन्द्र में रहा है। कुछ लोगों ने रैदास को मीराँ का गुरु माना है और यहा तक भी कहा है कि वे मीराँ के समकालिक न होते हुए भी इसलिए मीराँ के गुरु माने जा सकते हैं कि उनसे मीराँ ने स्वप्न दीक्षा ली थी। ऐसा भी विश्वास है कि मीराँ गोस्वामी तुलसीदास जी को अपना गुरु मानती थी। और उसने अपनी वेदना उन्हें लिख भेजी थी–

बालपणे सें मीराँ कीन्ही गिरिधर लाल मिताई
सो तो अब छूटै नहिं क्यौंहु लगन लगी बरिआई
मेरे मात पिता के सम हौ हरि भगतन सुखदाई
हमहु उचित कहा करिबौ हे सो लिखिये समुझाई

उत्तर में गोस्वामी जी ने यह पद मीराँ को लिख भेजा था–

जाके प्रिय न राम बैदेही
तजिये ताहि कोटि बैरी सम जद्यपि परम सनेही

तज्यो पिता प्रहलाद बिभीषन बंधु भरत महतारी
बलि गुरु तज्यो कंत ब्रजबनितन्हि भए मुद - मंगलकारी
नाते नेह राम के मनियत सुहृद सुसेब्य जहाँ लौं
अंजन कहा आँखि जेहि फूटै बहुतक कहौं कहाँ लौं
तुलसी सो सब भाँति परमहित पूज्य प्रान ते प्यारो
जासों होय सनेह रामपद एतो मतो हमारो

अन्य लोगों के मतानुसार श्री जीव गोस्वामी मीराँ के गुरु थे। इसी प्रकार कई अन्य नाम भी लिये जाते हैं। पर भिन्न कारणों से एवं मीराँ की अपनी रचना के अलग अलग अंशों को देखने से ऐसा प्रतीत नहीं होता कि उसने किसी एक संत या आचार्य को गुरु स्वीकार किया हो। संतों-महापुरुषों के प्रति मीराँ की सहज श्रद्धा थी। वह उनके बीच निःसंकोच उठती बैठती तथा गाती थी। पर थी तो वह कृष्णप्राणा, गिरिधर-समर्पिता, गोविन्दप्रेमिका। किसी एक गुरु की शिष्या, एक सम्प्रदाय की अनुगामिनी नहीं थी। साँवरा ही उसका वैद्य था, चिकित्सक था, उसके अतिरिक्त कोई और उसके दर्द को नहीं जानता था।

ससुराल में मीराँ को मिल रहे कष्टों का वृत्तान्त जब मीराँ के पितृव्य, काका वीरमदेव तक पहुँचा तो उन्होंने उसे मेड़ता बुला लिया पर वहाँ भी मीराँ बहुत दिन नहीं रह सकी। विक्रमाब्द १५९५ (सन् १५३८) के आस पास जोधपुर के राव मालदेव ने मेड़ता वीरमदेव से हथिया लिया। मीराँ मेड़ता छोड़ तीर्थाटन के लिए निकल पड़ी। ''मन व्रजधाम की शोभा देखने के लिए आकुल था, तन की सुधि-बुधि नहीं थी, स्वर में कम्पन था— 'हे री मैं तो प्रेम दिवानी मेरा दरद न जाणें कोय।'....वे व्रज पहुंच

गईं.... व्रजभूमि में बहुत दिनों तक संतों का सत्संग करती रहीं....व्रजधाम से वे द्वारका आईं....''[1]

मीराँ की मृत्यु के समय को लेकर भी विद्वानों में मतभेद है। कहते हैं मेड़ता और मेवाड़ से कुछ ब्राह्मण मीराँ को द्वारिका से वापिस ले जाने के लिए आए। मीराँ के मना करने पर वे आमरण अनशन पर बैठ गए। इस पर मीराँ व्यथित हो उठीं और रणछोड़ स्वामी के मंदिर जा कर अपने इष्टदेव के विग्रह में ही समा गईं...अणु की विभु से, अल्प की भूमा से एकरूपता हुई...चिरविरहिणी मीराँ आनन्दघन को प्राप्त हुई...विरह का चरम सुख तद्रपता में प्राप्त हुआ।

जन्मतिथि की ही तरह मीराँ का मृत्युकाल भी संवत् १६०३ से लेकर १६१६ विक्रमाब्द तक के वर्षों के बीच विवादित है। पर ऐसा अधिक विश्वसनीय जान पड़ता है कि सं. १६०८ के आस पास मीराँ की मृत्यु हुई।

मीराँ, कृष्ण विरहिणी प्रेमिका, के गीत पूरे उत्तर भारत में स्नेह और श्रद्धा के साथ गाये जाते हैं। उनकी भाषा में गुजराती, राजस्थानी और व्रजभाषा के शब्दों तथा वाक्य विन्यास का प्राचुर्य है। कहीं कहीं पंजाबी शब्दों का प्रयोग भी दिखाई दे जाता है। मीराँ ने कई पदों की रचना गुजराती तथा राजस्थानी भाषाओं में की है जिनमें आंचलिक शब्द-छटा के दर्शन अधिक होते हैं। पर वास्तविकता तो यह है कि शब्द एवं रचना प्रक्रिया तो मीराँ के आकुल भावों के लिए आरोहण का माध्यम मात्र थे। अपने भाव जगत् में तन्मय मीराँ की वाणी तो स्वयं ही गीत बन जाती थी।

---

[1] नारी अंक (कल्याण), पृष्ठ ६२५-२६

इस प्रकार गीति-काव्य की परम्परा को एक अनुपम योगदान देकर मीराँ अपने गीतों के नायक के साथ जा मिलीं—

—अपने पीछे अनुभूति का एक ऐसा लहराता रस-संसार छोड़ कर जो काव्य-प्रेमियों के लिए भी आनंद का वैसा ही स्रोत है जैसा कृष्णविरह में व्याकुल गिरिधर-प्रेमियों का।

जहाँ गिरिधर हैं, जब तक गिरिधर हैं—और गिरिधर कहाँ नहीं, कब नहीं हैं—तब तक मीराँ हैं, मीराँ के कालजयी पद हैं, गीत हैं।

"करुणायतन" —प्राणनाथ पंकज
१०६४/१, सेक्टर ३९-बी, चंडीगढ़
श्रावण शुक्ला १, (मीराँ जयन्ती) २०५८ वि०
२१ जुलाई, २००१ ई०

अबिनासी गिरधर की
मीराँ
पदावली

अबिनासी गिरधर की
मीराँ
पदावली

(१)

कोई कहियौ रे प्रभु आवन की।
आवन की मन भावन की ।।टेक।।
आप न आवै लिख नहिं भेजै बाँण[१] पड़ी ललचावन की।
ए दोउ नैण कह्यौ नहि मानैं, नदिया बहै जैसे सावन की।।
कहा करूँ कछु नहिं बस मेरो पाँख नहीं उड़ जावन की।
मीराँ कहै प्रभु कब रे मिलोगे चेरि भइ हूँ तेरे दाँवन[२] की।।

(२)

सुनी हो मैं हरि आवन की अवाज।
म्हेल[३] चढ़ चढ़ जोऊँ मेरी सजनी कब आवैं महाराज।।
दादुर मोर पपइया बोलै कोइल मधरे साज।
उमंग्यो इन्द्र[४] चहूँ दिसि बरसै दामिण[५] छोड़ी लाज।।
धरती रूप नवा नव धरिया इन्द्र मिलण कै काज।
मीराँ कै प्रभु गिरधर नागर बेग मिलो महाराज।।

---

[१] आदत [२] दामन (यहाँ शरण ग्रहण करने का भाव है), दाँव-पेच (चतुराई) [३] महल [४] मेघ [५] बिजली

(३)

बसो मेरे नैनन में नंदलाल।।
मोहनि मूरति साँवरि सूरति नैणा बने विसाल।
अधर सुधारस मुरली राजत उर बैजंती माल।।
छुद्र घंटिका[१] कटितट सोभित नूपुर सबद रसाल।
मीरा प्रभु संतन सुखदाई भगत बछल गोपाल।।

(४)

म्हाँने चाकर राखो जी गिरधारी लाल चाकर राखो जी।।
चाकर रहसूँ बाग लगासूँ, नित उठ दरसन पासूँ।
बिन्द्राबन की कुंज गलीन में, गोबिंद लीला गासूँ।।
चाकरी में दरसण पाऊँ, सुमिरण पाऊँ खरची।
भाव भगति जागीरी पाऊँ, तीनो बाताँ सरसी।।
मोर मुगट पीताम्बर सोहै, गल बैजंती माला।
बिन्द्राबन में धेनु चरावै, मोहन मुरलीवाला।।
ऊँचे ऊँचे महल बनाऊँ, बिच बिच राखूँ बारी।
साँवरिया के दरसन पाऊँ, पहर कसूँमी सारी।।
जोगी आया जोग करण कूँ, तप करणे संन्यासी।
हरी भजन कूँ साधू आये, बिंद्राबन के बासी।।
मीराँ के प्रभु गहिर गँभीरा, सदा रहो जी धीरा।
आधी रात प्रभु दरसन दैहैं, प्रेम नदी के तीरा।।

---

[१] छोटी छोटी घंटियाँ जो चलने पर घुंघरुओं जैसा शब्द करती हैं।

(५)

मन रे परसि[१] हरि के चरण।।
सुभग सीतल कँवल कोमल, त्रिबिध[२] ज्वाला हरण।
जिण चरण प्रहलाद परसे, इन्द्र पदवी धरण।।
जिण चरण ध्रुव अटल कीने, राखि अपनी सरण।
जिण चरण ब्रह्मांड भेट्यो[३], नख सिखाँ श्री धरण[४]।।
जिण चरण प्रभु परसि लीने, तरी गोतम घरण[५]।
जिण चरण कालिनाग नाथ्यो, गोपलीला करण।।
जिण चरण गोबर्धन धार्‌यो, इंद्र को ग्रब[६] हरण।
दासि मीराँ लाल गिरधर, अगम[७] तारण तरण।।

(६)

मैं तो गिरधर के घर जाऊँ।
गिरधर म्हारो साँचो प्रीतम, देखत रूप लुभाऊँ।।
रैण पड़े तब ही उठि जाऊँ, भोर गये उठि आऊँ।
रैण दिनाँ वाके संग खेलूँ, ज्यूं ज्यूं वाहि रिझाऊँ।।
जो पहिरावे सोई पहिरूँ, जो दे सोई खाऊँ।
मेरी उनकी प्रीत पुराणी, उण बिण पल न रहाऊँ।।
जहँ बैठावे तित ही बैठूँ, बेचै तो बिक जाऊँ।
मीराँ के प्रभु गिरधर नागर, बार बार बलि जाऊँ।।

---

[१] स्पर्श कर [२] तीनों (शारीरिक, मानसिक, दैविक) प्रकार के कष्ट [३] यहाँ विष्णु के वामन अवतार धारण करके तीन पैरों में ब्रह्मांड को नापने का उल्लेख है [४] नख से शिख तक शोभायुक्त [५] गौतम ऋषि की पत्नी अहल्या [६] गर्व, अहंकार; इस पंक्ति में इंद्र द्वारा क्रोधित हो कर व्रज में सात दिन तक प्रलय के बादल बरसाए जाने पर श्रीकृष्ण के गोवर्धन धारण करके व्रजवासियों को बचाने का उल्लेख है [७] दुस्तर, संसार सागर

(७)

हरि! तुम हरौ जन की भीर।
द्रोपदी की लाज राख्यो तुम बढ़ायो चीर।।
भगत कारण रूप नरहरि[१] धर्‌यो आप सरीर।
हिरनकसिपु[२] मारि लीन्हो धर्‌यो नाहिन धीर।।
बूड़तो गजराज[३] राख्यो कियो बाहर नीर।
दासि मीराँ लाल गिरधर चरण कँवल पर सीर[४]।।

(८)

मैं गोबिन्द गुण गास्याँ।
राजा रूठै नगरी राखै हरि रूठ्याँ कहँ जास्याँ।
राणै भेज्या जहर पियाला इमरित करि पी जाणा।
डबिया में भेज्या काल भुजंगम सालिगराम करि जाणा।
मीराँ तो अब प्रेम दिवाणी साँवलिया वर पाणा।।[५]

[१,२] हिरण्यकशिपु प्रह्लाद का पिता था, प्रह्लाद विष्णु भक्त थे, हिरण्यकशिपु से प्रह्लाद की रक्षा करने के लिए विष्णु ने नृसिंह का अवतार लेकर हिरण्यकशिपु का वध किया था। [३] हाथी अपने परिवार सहित जल में विहार कर रहा था, अचानक उसका पाँव मगरमच्छ (ग्राह) ने पकड़ लिया, जब बहुत प्रयत्न करने पर भी हाथी अपने को छुड़ा नहीं सका तो उसने आर्तभाव से नारायण को पुकारा और उन्होंने हाथी की रक्षा की थी। [४] सिर [५] इस पद में मीराँ पर उनके देवर, राणा विक्रमाजीत द्वारा उन की हत्या के प्रयत्नों के बावजूद मीरा के सुरक्षित रहने की बात कही गई है।

(९)

श्री गिरधर आगे नाचूँगी।
नाच नाच पिव रसिक रिझाऊँ प्रेमीजन को जाचूँगी।
प्रेम प्रीत का बाँध घूंघरू सुरत[१] की काछनि[२] काछूंगी[३]।
लोक लाज कुल की मरजादा या में एक न राखूँगी।
पिव के पलँगा जा पौढूंगी मीराँ हरि रँग राचूँगी।।

(१०)

पग घुंघरु बाँध मीराँ नाची रे।
मैं तो मेरे नारायण की हो गई आपहि दासी रे।।
लोग कहैं मीरा भई बावरी न्यात[४] कहै कुलनासी रे।
बिष का प्याला राणाजी भेज्या पीवत मीराँ हाँसी रे।
मीराँ के प्रभु गिरधर नागर सहज मिले अबिनासी रे।।

---

[१] ध्यान [२] वस्त्र [३] पहनना, तन पर सजाना [४] संबंधी

(११)

मैं अपणे सैयाँ संग साँची।
अब काहे की लाज सजनी परगट ह्वै नाची।।
दिवस भूख न चैन कबहूँ नींद निसि नासी।
बेधि[१] वार पार ह्वैगो ग्यान गुह[२] गाँसी[३]।।
कुल कुटुंबी आन बैठै मनहु मधुमासी[४]।
दासि मीरा लाल गिरधर मिटी सब हाँसी।।

(१२)

मैं तो साँवरे के रंग राँची।
साजि सिंगार बाँधि पग घुंघरु लोक लाज तजि नाची।।
गई कुमति लइ साधु की संगति भगत रूप भइ साँची।
गाय गाय हरि के गुन निस दिन काल ब्याल से बाँची[५]।।
उण बिन सब जग खारो लागत और बात सब काँची।
मीरा श्री गिरधरन लाल सूँ भगति रसीली जाँची[६]।।

---

[१] बेधकर [२] रहस्यमय, गुप्त [३] बाण [४] मधुमक्खी [५] बची [६] माँगी

(१३)

मैं गिरधर रंग राती सैयाँ, मैं गिरधर रंग राती।
पचरँग चोला पहर सखी मैं झिरमिट[१] खेलन जाती॥
ओह झिरमिट माँ मिल्यो साँवरो खोल मिली तन गाती[२]।
जिनका पिया परदेस बसत है लिख लिख भेजै पाती॥
मेरा पिया मेरे हीय बसत है ना कहुँ आती जाती।
चंदा जायगा सूरिज जायगा जायगी धरण अकासी॥
पवन पाणि दोनुँ ही जायँगे अटल रहै अबिनासी।
सुरत निरत[३] का दिवला[४] सँजोले मनसा की कर ले बाती।
अगम घाणि को तेल बनायो बाल रही दिन राती॥
और सखी मद पी पी माती[५] मैं बिन पियाँ ही माती।
प्रेम भटी को मैं मद पीयूँ छकी फिरूँ दिन राती।
जाउँ न पीहर जाउँ न सासर[६] हरि सूँ सैन लगाती।
मीराँ के प्रभु गिरधर नागर हरि चरणाँ चित लाती॥

---

[१] आँख मिचौनी [२] बेपर्दा होकर, अनावरण हो कर [३] निरन्तर ध्यान [४] दीपक [५] उन्मत्त [६] ससुराल

(१४)

तनक हरि चितवौ हमरी ओर।
हम चितवत तुम चितवत नाहीं दिल के बड़े कठोर॥
मेरे आसा चितवनि तुमरी और न दूजी दौर[1]।
तुम से हम कूँ कब र मिलोगे हमसी[2] लाख करोर॥
ऊभी ठाढ़ी अरज करत हूँ अरज करत भयो भोर।
मीराँ के प्रभु हरि अबिनासी देस्यूँ प्राण अँकोर[3]॥

(१५)

आली म्हाँने लागे बिंद्राबन नीको।
घर घर तुलसी ठाकुर पूजा दरसण गोबिंद जी को॥
निरमल नीर बहत जमना में भोजन दूध दही को।
रतन सिंहासन आप बिराजै मुगट धर्यो तुलसी को॥
कुंजन कुंजन फिरत राधिका सबद सुणत मुरली को।
मीराँ के प्रभु गिरधर नागर भजन बिना नर फीको॥

---

[1] दौड़, पहुंच [2] मुझ जैसी [3] गले मिलना, अंग लगना, भेंट करना

(१६)

चलो मन गंगा-जमना तीर।
गंगा जमना निरमल पाणी सीतल होत सरीर।
बंसी बजावत गावत कान्हाँ संग लियाँ बलबीर[१]।।
मोर मुगट पीतांबर सोहै कुंडल झलकत हीर।
मीराँ के प्रभु गिरधर नागर, चरण कमल पै सीर।।

(१७)

भज मन चरण कँवल अबिनासी।।
जेताइ[२] दीसे धरण-गगन-बिच तेताइ[३] सब उठि जासी[४]।
काह भयो तीरथ ब्रत कीन्हे, कहा लिये करवत कासी[५]।।
इस देही का गरब न करना माटी में मिलि जासी।
यो संसार चहर की बाजी[६], साँझ पड्याँ उठ जासी।।
कहा भयो है भगवाँ पहर्‌याँ घर तज भये संन्यासी।
जोगी होय जुगति[७] नहिं जाणी उलटि जनम फिर जासी[८]।।
अरज करूँ अबला कर जोरें स्याम तुम्हारी दासी।
मीराँ के प्रभु गिरधर नागर काटो जम की फाँसी।।

---

[१] बलराम (कृष्ण के बड़े भाई) [२] जितना [३] उतना [४] जाएगा [५] काशी में एक स्थान जहाँ लोग अपनी बलि यह मान कर चढ़ा देते थे कि ऐसा करने से उनकी मुक्ति हो जाएगी [६] पक्षियों का खेल जो साँझ होते ही समाप्त हो जाता है, चहकने की प्रतियोगिता [७] मोक्ष प्राप्ति की युक्ति [८] फिर जन्म लेना पड़ेगा

(१८)

हमने सुनी छै हरि अधम उधारण।
अधम उधारण सब जग तारण।
गज की अरज[१] गरज उठि धाये संकट पड़े तब कष्ट निवारण।।
द्रुपद सुता को चीर बँधायो दुसासन को मानमद मारण।
प्रहलाद की परतिग्या राखी हरणाकुस नख उदर बिदारण।।
रिखि पतनी[२] पर किरपा कीन्ही बिप्र सुदामा की बिपति बिडारण।
मीराँ के प्रभु मो बंदी[३] पर एती अबेर भई किण कारण।।

(१९)

मीराँ मगन भई हरि के गुण गाय।।
साँप पिटारा राणा भेज्या, मीराँ हाथ दियो जाय।
न्हाय धोय जब देखन लागी सालिग्राम गई पाय।।
जहर का प्याला राणा भेज्या इम्रत दीन्ह बनाय।
न्हाय धोय जब पीवन लागी हो गई अमर अँचाय[४]।।
सूल सेज राणा ने भेजी दीज्यो मीरा सुलाय।
साँझ भई मीराँ सोवण लागी मानो फूल बिछाय।।
मीराँ के प्रभु सदा सहाई राखे बिघन हटाय।
भजन भाव में मस्त डोलती गिरधर पै बलि जाय।।

---

[१] सातवें पद की पाद टिप्पणी देखें [२] गौतम ऋषि की पत्नी अहल्या, जो पति के शाप से पत्थर हो गई थी; श्रीराम के चरणों की धूलि के स्पर्श से उसे पुनः जीवन प्राप्त हुआ था [३] सेविका [४] पीकर

(२०)

राणाँ जी गिरधर रा गुण गास्याँ।
गुर परताप साध री संगति सहजै ही तिर जास्याँ॥
म्हारै तो पण[१] चरणामृत रो[२] निति उठि देवल[३] जास्याँ।
कथा कीरतण सुण निसि बासर महा प्रसाद ले पास्याँ॥
सुणि सुणि बचन साध रा मुष[४] रा निरत[५] कराँ और नाचाँ।
प्रेम प्रतीति जाप निसि बासर बहुरि न भौ जल आस्याँ॥
लोक वेद री काणि[६] न मानूँ राम तणै रँग राचाँ।
नाँव अमोलिक इमरित रूपी सिरकै साटै[७] ल्यास्याँ॥
उमहड़ माड्यौ[८] म्हारै ऊपर विष रो प्यालो प्यास्याँ।
मीराँ के प्रभु गिरधर नागर पीबत मन न डुलास्याँ[९]॥

(२१)

बादल देख डरी हो स्याम, मैं बादल देख डरी॥
काली पीली घटा ऊमड़ी बरस्यौ एक घरी।
जित जाऊँ तित पाणी पाणी हुई भूमि हरी॥
जाका पिय परदेस बसत है भीजूँ बहार[१०] खरी[११]।
मीराँ के प्रभु हरि अबिनासी कीज्यौ प्रीत खरी[१२]॥

---

[१] प्रण [२] चरणामृत के लिए [३] मंदिर [४] मुख [५] नृत्य [६] मर्यादा [७] सिर पर धारण करके [८] क्रोध किया [९] मन को डोलने नहीं दूंगी [१०] बाहर [११] खड़ी [१२] असली

(२२)

बरसै बदरिया सावन की, सावन की मन भावन की।
सावन में उमग्यो मेरा मनवा, भनक सुनी हरि आवन की।।
उमड़ घुमड़ चहुँ दिसि ते आयो, दामण दमक झर लावन की।
नन्हीं नन्हीं बूँदन मेहा बरसै, सीतल पवन सुहावन की।।
मीराँ के प्रभु गिरधर नागर, आनँद मंगल गावन की।।

(२३)

नंदनँदन बिलमाई[१], बदरा ने घेरी माई।
इत घन लरजै[२] उत घन गरजै पवन चलै पुरवाई[३]।।
दादुर मोर पपीहा बोलै, कोयल सबद सुणाई।
मीराँ के प्रभु गिरिधर नागर, चरण कँवल चित लाई।।

(२४)

मतवारो बादल आयो रे हरि को सँदेसा कछु नहिं लायो रे।।
दादुर मोर पपीहा बोले कोयल सबद सुनायो रे।
कारी अँधियारी बिजली चमके बिरहिन अति डरपायो रे।।
गाजे बाजे पवन मधुरिया मेहा अति झड़ लायो रे।
फूँके काली नाग बिरह की जारी मीराँ मन हरि भायो रे।।

---

[१] लुभा कर बिलंब करवा दिया, रोक रक्खा [२] काँपता है [३] पूर्व दिशा की

(२५)

बदरा रे तू जल भरि लायो।।
छोटी छोटी बूँदन बरसन लागी कोयल सबद सुनायो।
गाजै बाजै पवन मधुरिया अंबर बदराँ छायो।।
सेज सँवारी पिय घर आये हिल मिल मंगल गायो।
मीराँ के प्रभु हरि अबिनासी भाग भलो जिन पायो।।

(२६)

म्हाँरो जनम मरन को साथी, थाँने[१] नहिं बिसरूँ दिन राती।।
तुम देख्याँ बिन कल न पड़त है, जानत मेरी छाती।
ऊँची चढ़ि चढ़ि पंथ निहारूँ रोय रोय अँखियाँ राती[२]।।
यो संसार सकल जग झूँठो झूँठा कुलरा नाती[३]।
दोउ कर जोर्‌याँ अरज करत हूँ सुण लीज्यो मेरी बाती।।
पल पल तेरा रूप निहारूँ निरख निरख सुख पाती।
मीराँ के प्रभु गिरधर नागर हरि चरणाँ चित राती[४]।।

---

[१] आपको [२] रक्त वर्ण, लाल [३] कुल के संबंधी [४] अनुरक्त, मग्न

(२७)

बाल्हा मैं बैरागिण हूँगी।
जिन्ह वेषाँ[१] म्हारो साहिब रीझे सोई भेष धरूँगी॥
सील संतोष धरूँ घट भीतर, समता पकड़ रहूँगी।
जाको नाम निरंजन[२] कहिंये ताको ध्यान धरूँगी॥
गुरु के ज्ञान रँगूँ तन कपड़ा, मन मुद्रा[३] पैरूँगी।
प्रेम प्रीत सों हरि गुण गाऊँ, चरणन लिपट रहूँगी॥
या तन की मैं करूँ कींगरी[४], रसना नाम कहूँगी।
मीराँ के प्रभु गिरधर नागर, साधाँ संग रहूँगी॥

(२८)

नहिं ऐसो जनम बांरबार।
क्या जानूँ कुछ पुण्य प्रगटे, मानुषा[५] अवतार॥
बढ़त छिन छिन घटत पल पल, जात न लागे बार।
बिरछ[६] के ज्यौं पात टूटे बहुरि न लागे डार॥
भवसागर[७] अति जोर कहिये, अनँत ऊँड़ी[८] धार।
राम नाम का बाँध बेड़ा, उतर परले पार॥
ज्ञान चौसर मँडी[९] चौहटे[१०] सुरत[११] पासा सार।
या दुनिया में रची बाजी जीत भावै[१२] हार॥
साधु संत महंत ज्ञानी चलत करत पुकार।
दासि मीराँ लाल गिरधर जीवणा[१३] दिन च्यार[१४]॥

---

[१] वेष में [२] परमेश्वर [३] वैरागी इसे कान में पहनते हैं, मुद्रा (ध्यान की स्थिति) [४] किन्नरी, छोटी सारंगी [५] मनुष्य का [६] वृक्ष [७] संसारसमुद्र [८] गहरी [९] बिछी है [१०] चौराहे पर [११] ध्यान, भक्ति [१२] भले ही [१३] जीना [१४] चार

(२९)

कर्म की गति न्यारी, संतो कर्म की गति न्यारी।
बड़े बड़े नैन दिये मरघन[१] कूँ बन बन फिरत उघारी[२] रे।।
उज्वल बरन दीनी बगलन कूँ कोयल कर दीनी कारी रे।
ओर नदियन जल निर्मल कीनो समुदर कर दीनी खारी रे।
मुरख कूँ उत्तम राज दीयत[३] हो पंडित फिरत भिखारी रे।
मीराँ के प्रभु गिरधर नागर राणो जीतो काज बिचारी रे।।

(३०)

परम सनेही राम की नित ओलूँ[४] री आवै।
राम हमारे हम हैं राम के, हरि बिन कछु न सुहावै।।
आवण[५] कह गये अजहुँ न आये, जिवड़ो अति अकुलावै।
तुम दरसण की आस रमैया, कब हरि दरस दिखावै।।
चरण कँवल की लगनि लगी नित बिन दरसण दुख पावै।
मीराँ कूँ प्रभु दरसण दीज्यौ आणँद बरण्युँ न जावै।।

(३१)

हरि मोरे जीवन प्रान अधार।
और आसिरो नाहीं तुम बिन तीनूँ लोक मंझार।।
आप बिना मोहि कछु न सुहावै निरखाँ सब संसार।
मीरा कहै मैं दासि रावरि दीज्यौ नहीं बिसार।।

---

[१] मृगों को [२] खोल कर [३] देता है [४] स्मरण [५] आने को

(३२)

मेरे तो गिरिधर गोपाल दूसरो न कोई।
जाके सिर मोर मुकुट मेरो पति सोई॥
तात मात भ्रात बंधु अपना नहिं कोई।
छोड़ दई कुल की कानि क्या करिहै कोई॥
चुनरी के किये टूक ओढ़ लीन लोई।
मोती मूँगे उतार बनमाला पोई॥
अँसुवन जल सींच सींच प्रेम बेल बोई।
अब तो बेल फैल गई आनँद फल होई॥
दूध की मथनियाँ, बड़े प्रेम से बिलोई।
माखन जब काढ़ि लियो छाछ पिये कोई॥
भगत देखि राजी हुई जगत देखि रोई।
दासी मीराँ लाल गिरधर तारो अब मोही॥

(३३)

पायो जी मैंने राम रतन धन पायो।
बस्तु अमोलक दी मेरे सतगुर किरपा कर अपनायो॥
जनम जनम की पूँजी पाई, जग में सभी खोवायो।
खरचै नहिं कोइ चोर न लेवै, दिन दिन बढ़त सवायो॥
सत की नाव खेवटिया[१] सतगुर भवसागर तर आयो।
मीराँ के प्रभु गिरधर नागर हरख[२] हरख जस गायो॥

---

[१] केवट [२] प्रसन्न हो हो कर

(३४)

मेरा बेड़ा[१] लगाय दीजो पार, प्रभु अरज करूँ छूँ।
इण भव में मैं बहु दुख पायो संसा[२] सोग निवार।।
अष्ट करम की तलब लगी है दूर करो दुख भार।
या संसार सब बह्यो जात है लख चौरासी धार[३]।
मीराँ के प्रभु गिरधर नागर आवागवन[४] निवार।।

(३५)

स्वामी सब संसार के (हो) साँचे श्री भगवान।।
स्थावर[५] जंगम[६] पावक पाणी धरती बीच समान।
सब में महिमा तेरी देखी कुदरत के कुरबान।।
सूदामा के दारिद खोए बारे[७] की पहिचान।
दो मुट्ठी तंदुल की चाबी दीन्हों द्रव्य महान।।
भारत[८] में अरजुन के आगे आप भये रथवान।
उनने[९] अपने कुल को देख्यो छुट गयो तीर कमान।।
ना कोइ मारे ना कोइ मरता तेरो यह अज्ञान।
चेतन जीव तो अजर अमर है यह गीता को ज्ञान।
मेरे पर प्रभु किरपा कीज्यो, बाँदी अपनी जान।
मीराँ गिरधर सरण तिहारी लगै चरण में ध्यान।।

---

[१] जीवन नैया [२] संशय [३] चौरासी लाख योनियों की धारा [४] जन्म मरण का चक्र [५] जड़ [६] चेतन [७] बचपन (सुदामा श्री कृष्ण के सहपाठी और मित्र थे। श्री कृष्ण ने दो मुट्ठी चावलों के बदले सुदामा की निर्धनता दूर कर के उन्हें अपार वैभव प्रदान किया था।) [८] महाभारत [९] उन्हों (अर्जुन) ने

(३६)

करणाँ[१] सुणि स्याम मेरी, मैं तो होइ रही तेरी चेरी।
दरसण कारण भई बावरी बिरह बिथा तन घेरी।
तेरे कारण जोगण हूँगी दूँगी नग्र[२] बिच फेरी।
कुंज सब हेरी हेरी॥
अंग भभूत गले म्रिग छाला, यो तन भसम करूँ री।
अजहुँ न मिल्या राम अबिनासी बन बन बीच फिरूँ री।
रोऊँ नित टेरी टेरी[३]॥
जन मीराँ को गिरधर मिलिया दुख मेटण सुख भेरी।
रूम रूम[४] साता[५] भइ उर में मिटि गइ फेरा फेरी[६]।
रहूँ चरननि तरि चेरी॥

(३७)

बेग पधारो साँवरा कठिन बनी है, आप बिना म्हारो कूँण धनी[७] है।
दुखिया कूँ देख देर मत कीजो, देर की बिरिया और घनी[८] है॥
दिन नहि चैन रात नहि निंद्रा, दुसमन के हिये हरस घनी है।
गहरी नदिया नाव पुरानी, पार करो घनश्याम धनी है॥
जमड़ाँ[९] की फौजाँ प्रभु आन पड़ी है, बेग हटावो मोटा आप धनी है।
मीराँ के प्रभु गिरधर नागर, चरण कँवल बिच आन खड़ी है॥

---

[१] करुणा, यहाँ प्रार्थना के अर्थ में, अथवा कानों से [२] नगर, शहर [३] पुकार पुकार कर [४] रोम रोम
[५] शांति [६] आवागमन का चक्र [७] साहूकार, मालिक [८] गहरी, कठिन [९] यमदूतों की

(३८)

राम नाम रस पीजे मनुआँ, राम नाम रस पीजे।
तज कुसंग, सतसंग बैठ नित, हरि चरचा सुन लीजे॥
काम क्रोध मद लोभ मोह कूँ, बहा चित्त से दीजे।
मीराँ के प्रभु गिरधर नागर, ताहि के रँग में भीजे॥

(३९)

कहीं देखे री घनश्यामा।
मोर मुकट पीतांबर सोहे कुंडल झलके काना।
साँवरी सूरत पर तिलक बिराजै, तिसमें लगे[१] मोरे प्राना।
बरसाने सों चली गुजरिया, नंदग्राम को जाना।
आगे केशव धेनु चरावैं, लगे प्रेम के बाना।
सागर[२] सूखि कमल मुरझाना हंसा कियो पयाना।
बिंद्राबन की कुंज गलिन में नूपुर रुन झुन लाना।
मीराँबाई को दरसन दीजो बृज तजि अनत[३] न जाना।

---

[१] अटके [२] सरोवर [३] अन्यत्र, और कहीं।

(४०)

आवत मोरी गलियन में गिरधारी मैं तो छुप गइ लाज की मारी॥
कुसुमल पाग केसरिया बाना जामा ऊपर फूल हजारी।
मुकुट ऊपर छत्र बिराजै कुंडल की छबि न्यारी॥
केसरी चीर दरयाई[१] को लहँगो ऊपर अंगिया भारी।
आवत देखी किसन मुरारी छुप गइ राधा प्यारी॥
मोर मुकुट मनोहर सोहे नयनों की छबि न्यारी।
गल मोतिन की माल बिराजै चरण कमल बलिहारी॥
ऊमी[२] राधा प्यारी अरज करत है सुणजे किसन मुरारी।
मीराँ के प्रभु गिरधर नागर चरण कमल पर वारी॥

(४१)

सखि री मोहिं लाज बैरिन भई।
चलत लाल गोपाल के सँग काहे नाहीं गई॥
कठिन क्रूर अक्रूर[४] आयो साजि रथ कहँ नई।
रथ चढ़ाइ गोपाल लैगो हाथ मींजत[५] रई॥
कठिन छाती स्याम बिछरत बिदरि[६] क्यूँ ना गई।
दासि मीराँ लाल गिरधर बिरह तें तन तई[७]॥

---

[१] एक बहुमूल्य वस्त्र [२] उमंग भरी [४] कृष्ण के संबंधी, कंस के दूत जो कृष्ण को मथुरा ले जाने के लिए व्रज आए थे [५] मलती, दबाती (पछताने के अर्थ में) [६] विदीर्ण, फट जाना [७] तपना, संतप्त होना

(४२)

ऊधौ मैं बैरागिन[१] हरि की।
भूषण बस्तर सबही हम त्यागे खान पान बिसरानो॥
ए ब्रजवासी कहत बावरी मैं दासी गिरधर की।
ऊधो जो तुम जावो द्वारका बिपत कहो गोपिन की॥
जैसे जल बिन मीन तड़पे सो गत भइ सखियन की।
पात पात बिंद्राबन ढूंढ्यो ढूंढ फिरी ब्रजघर की॥
आप तो जाय द्वारका छाए पीर मिटी[२] बिरहन की।
मीराँ के प्रभु गिरधर नागर मैं दासी गिरधर की॥

(४३)

दरस बिन दूखन लागे नैण।
जब से तुम बिछुरे प्रभु मोरे कबहुँ न पायो चैन॥
सबद सुणत मोरि छतिया काँपै मीठे लागे बैन।
बिरह बिथा कासू कहूँ सजनी बह गइ[३] करबत[४] ऐन[५]॥
एक टकटकी पंथ निहारूँ भई छमासी रैण।
मीराँ के प्रभु कब रे मिलोगे दुख मेटत सुख दैण॥

---

[१] यहाँ विरहिणी के अर्थ में [२] जब वृंदावन और व्रज में श्रीकृष्ण कहीं नहीं मिले तो यह निश्चय हो जाने से कि अब विरह में ही जीना है, गोपी की पीड़ा मिट गई (जब कोई बात किसी हद से गुज़र जाती है, बन के लगती है दवा जो हो के ज़हर आती है)। [३] चल गई [४] आरी [५] (घर), हृदय पर

(४४)

होली पिय बिन मोहिं न भावै घर आँगन न सुहावै।।
दीपक जोय[१] कहा करुँ हेली[२] पिय परदेस रहावै।
सूनी सेज जहर ज्यों लागै सुसक सुसक[३] जिय जावै।।
नींद नैन नहिं आवै।।
कब की ठाढ़ी मैं मग जोऊँ निस दिन बिरह सतावै।
कहा कहूँ कछु कहत न आवै हिवड़ो[४] अति अकुलावै।।
पिया कब दरस दिखावै।।
ऐसा है कोइ परम सनेही तुरत सँदेसो लावै।
या बिरियाँ[५] कब होसी मोकूँ हँस कर निकट बुलावै।।
मीराँ मिलि होली गावै।।

(४५)

फागुन के दिन चार रे होरी खेल मना रे।
बिन करताल पखावज बाजै अणहद की झणकार रे।।
बिनि सुर राग छतीसूँ[६] गावै रोम रोम रँग सार रे।
सील सँतोख की केसर घोली प्रेम प्रीत पिचकार रे।।
उड़त गुलाल लाल भये बादल बरसत रंग अपार रे।
घटके पट सब खोल दिये हैं, लोक लाज सब डार रे।।
होरी खेलि पीव घर आये सोइ प्यारी पिय प्यार रे।
मीराँ के प्रभु गिरधर नागर चरन कँवल बलिहार रे।।

---

[१] जला कर [२] हे सखी [३] सिसक सिसक [४] ह्रदय [५] समय [७] छः राग व तीस रागिनियाँ

(४६)

झूलत राधा संग गिरधर झूलत राधा संग।।
अबिर गुलाल उड़ावत राधा भरि पिचकारी रंग।
लाल भई बृंदावन जमुना केशर चूवत रंग।।
नाचत ताल अधार सुरभरे धिम धिम बजे मृदंग।
मीराँ के प्रभु गिरधर नागर चरन कमल कूँ दंग।।

(४७)

इक अरज सुनो पिय मोरी मैं किण संग खेलूँ होरी।।
तुम तो जाय बिदेसाँ छाये, हम से रहे चित चोरी।
तन आभूषण छोड़े सबही, तज दिये पाट पटो[१] री।।
मिलन की लग रहि डोरी।।
आप मिल्याँ बिन कल न पड़त है, त्यागे तलक[२] तमोली[३]।
मीराँ के प्रभु मिलज्यो माधो, सुणज्यो अरजी मोरी।।
रस बिन बिरहिन दोरी[४]।।

---

[१] रेशमी वस्त्र [२] तिलक [३] ताम्बूल, पान [४] दुखी

(४८)

होरी पिय बिन लागे खारी सुनो री सखी मेरी प्यारी।।
सूनो गाँव देस सब सूनो, सूनी सजी अटारी।
सूनी बिरहिन पिव बिन डोलै, तज दई पीव पियारी[१]।।
भई हूँ या दुखकारी।।
देस बिदेस सँदेस न पहुँचै होय अँदेसा भारी।
गिणताँ गिणताँ घस गईं रेखा आँगुरियाँ की सारी।।[२]
अजहुँ नहिं आये मुरारी।।
बाजत झाँझ मृदंग मुरलिया बाज रही इक तारी[३]।
आइ बसंत कंथ[४] घर नाहीं तन में जर[५] भया भारी।।
स्याम मन कहा बिचारी।।
अब तौ मेहर करौ मुझ उपर चित दे सुणो हमारी।
मीराँ के प्रभु मिलज्यो माधो जनम जनम की क्वाँरी।।
लगी दरसन की तारी[६]।।

(४९)

होजी हरि कित गये नेह लगाय।।
नेह लगाय मेरा मन हर लीन्हों रस भरी टेर सुनाय।
मेरे मन में ऐसी आवै मरूँ जहर बिस खाय।।
छाँड़ि गये बिसवासघात करि नेह केरी नाव चढ़ाय।
मीराँ के प्रभु कब रे मिलोगे रहे मधुपुरी[७] छाय।।

---

[१] प्रियतम के द्वारा त्याग दी गई प्रिया [२] दिन गिनते गिनते हाथों की सारी अंगुलियों की रेखाएँ घिस गई हैं [३] इकतारा [४] कंत, स्वामी [५] ज्वर, जलन [६] प्यास, उत्कंठा [७] मथुरा

(५०)

सखी मेरी नींद नसानी[१] हो।
पिय को पंथ निहारत सिगरी रैण बिहानी[२] हो॥
सब सखियन मिलि सीख दई मन एक न मानी हो।
बिन देख्याँ कल नाँहि पड़त जिय ऐसी ठानी हो॥
अंग छीन[३] ब्याकुल भई मुख पिय पिय बानी हो।[४]
अन्तर बेदन[५] बिरह की वह पीड़ न जानी हो॥
ज्यूँ चातक घन कूँ रटै मछरी जिमि पानी हो।
मीराँ ब्याकुल बिरहिणी सुध बुध बिसरानी हो॥

(५१)

पपैया[६] प्यारे कब को बैर चितार्‌यो[७]॥
मैं सूती छी[८] अपने भवन में पिय पिय करत पुकार्‌यो।
दाध्या[९] ऊपर लूण लगायो हिवड़े[१०] करवत सार्‌यो[११]॥
उड़ि बैठ्यो वा बृच्छ की डाली बोल बोल कंठ सार्‌यो[१२]।
मीराँ के प्रभु गिरधर नागर हरि चरनाँ चित धार्‌यो॥

---

[१] नष्ट हो गई [२] बीत गइ [३] क्षीण, दुर्बल [४] मुख में प्रियतम का ही नाम है [५] हृदय की पीड़ा [६] पपीहा [७] ठाना [८] सोई थी [९] जले हुए [१०] हृदय पर [११] आरी चलाना [१२] फाड़ लिया

(५२)

पिया इतनी बिनती सुन मोरी, कोई कहियो रे जाय।।
औरन सूँ रस की बतियाँ करत हो हम से रहे चित चोरी।
तुम बिन मेरे और न कोई मैं सरणागत तोरी।।
आवन कह गए अजहुँ न आए दिवस रहे अब थोरी।
मीराँ कहे प्रभु कब रे मिलोगे अरज करूँ कर जोरी।।

(५३)

प्यारे दरसन दीज्यो आय, तुम बिन रह्यो न जाय।।
जल बिन कमल चंद बिन रजनी, ऐसे तुम देख्याँ बिन सजनी।
आकुल ब्याकुल फिरूँ रैण दिन, बिरह कलेजो खाय।।
दिवस न भूख नींद नहिं रैणा, मुख सूँ कथत न आवै बैणा[१]।
कहा कहूँ कछु कहत न आवै, मिल कर तपन[२] बुझाय।।
क्यूँ तरसावो अंतरजामी, आय मिलो किरपा कर स्वामी।
मीराँ दासी जनम जनम की, परी तुम्हारे पाय।।[३]

---

[१] वचन, वाक्य [२] जलन [३] आप के चरणों में पड़ी हूँ

(५४)

अब तो निभायाँ सरैगी[१] बाँह गहे की लाज।
समरथ सरण तुम्हारी सइयाँ सरब सुधारण काज॥
भवसागर संसार अपरबल जामें तुम हौ झ्याज[२]।
निरधाराँ आधार जगतगुरु तुम बिन होय अकाज॥
जुग जुग भीर हरी भक्तन्ह की दीन्ही मोच्छ समाज।
मीराँ सरण गही चरणन्ह की लाज रखो महराज॥

(५५)

तुम सुणो दीन दयाल म्हाँरी अरजी॥
भव सागर में बही जात हूँ काढ़ो[३] तो थाँरी मरजी।
इण[४] संसार सगो नहिं कोई साँचा सगा रघुबर जी॥
माता पिता और कुटम कबीलो सब मतलब के गरजी।
मीराँ के प्रभु अरजी सुण लो चरण लगावो थाँरी मरजी॥

---

[१] निभानी ही पड़ेगी [२] जहाज़ [३] निकालो [४] इस

(५६)

रमइया बिन यौ[१] जिवड़ौ[२] दुख पावै।
कहु कुण[३] धीर बँधावै॥
यो संसार कुबुधि को भाँड़ो[४] साध सँगति नहिं भावै।
राम नाम बिन मुकुति न पावै फिर चौरासी जावै॥
साध संगत में कबहुँ न जावै मूरख जनम गुमावै[५]।
जन मीराँ सतगुर के सरणै जीव परम पद पावै॥

(५७)

यहि बिधि भगति कैसे होय।
मन की मैल हिये तें न छूटी दियो तिलक सिर धोय[६]॥
काम कूकर[७] लोभ डोरी बाँधि मोहिं चंडाल[८]।
क्रोध कसाई रहत घट में कैसे मिलैं गोपाल॥
बिलार बिषया[९] लालची रे ताहि भोजन देत।
दीन हीन ह्वै क्षुधा तरसै राम नाम न लेत॥
आपहि आप पुजाय कै रे फूले अँग न समात।
अभिमान टीला किये बहु कहु जल कहाँ ठहरात॥[१०]
जो तेरे हिय अन्तर की जाणे तासों कपट न बनैं।
हिरदे हरि को नाँव न आवे मुख तैं मणियाँ[११] गणैं॥
हरि हितू[१२] सों हेत कर संसार आसा त्याग।
दासि मीराँ लाल गिरधर सहज कर बैराग॥

---

[१] यह [२] जीव, हृदय [३] कौन [४] पात्र, बर्तन [५] व्यर्थ करना, गँवाना [६] सिर धोकर तिलक लगा लिया [७] कामना रूपी कुत्ता [८] श्वपच, दुष्ट मन [९] विषयासक्ति रूपी बिल्ला [१०] अभिमान रूपी चोटी पर अच्छे वचनों का, उपदेश का, जल टिकता नहीं [११] माला के मनके [१२] हित चिन्तक

(५८)

जागो बंसीवारे ललना जागो मेरे प्यारे।।
रजनी बीती भोर भयो है घर घर खुले किवारे[१]।
गोपी दही मथत सुनियत है कँगनाँ के झनकारे।।[२]
उठो लाल जी भोर भयो है सुर नर ठाढ़े द्वारे।
ग्वालबाल सब करत कुलाहल[३] जय जय सबद उचारे।।
माखन रोटी हाथ में लीनी गउवन[४] के रखवारे।
मीराँ के प्रभु गिरधर नागर सरण आयाँ कूँ तारे।।

(५९)

ऐसा प्रभु जाण न दीजै हो।
तन मन धन करि वारणै[५] हिरदै धर लीजै हो।।
आव सखी मुख देखिये नैणाँ[६] रस पीजै हो।
जिण जिण बिध[७] रीझै हरी सोई बिध कीजै हो।।
सुंदर स्याम सुहावणा मुख देख्याँ[८] जीजै[९] हो।
मीराँ के प्रभु रामजी बड़ भागिण रीझै हो।।[१०]

---

[१] दरवाज़े, किवाड़ [२] जब गोपियाँ दही का मंथन करती हैं तब उनके हाथों में पड़े कंगनों का स्वर सुनाई देता है [३] शोर [४] गौओं [५] न्योछावर [६] नेत्रों से [७] जिस जिस प्रकार से [८] देख कर [९] जीवित रहो [१०] मीराँ कहती हैं, हे प्रभु राम जी, इस श्याम छवि पर मैं भाग्यशालिनी रीझ गई हूँ।

(६०)

माई री मैं तो लियो गोबिन्दो मोल।
कोइ कहै छाने कोइ कहै छुपकै लियो री बजंता ढोल॥
कोइ कहै महंगो कोइ कहै सहँगो लियो री तराजू तोल।
कोइ कहै कारो कोइ कहै गोरो लियो री अमोलक मोल॥
कोइ कहै घर में कोइ कहै बन में राधा के संग किलोल।
मीराँ के प्रभु गिरधर नागर आवत प्रेम के मोल॥

(६१)

बड़े घर[१] ताली[२] लागी रे, म्हाँरा[३] मन री[४] उणारथ[५] भागी रे॥
छीलरिये[६] म्हाँरो चित्त नहीं रे, डाबरिये[७] कुण जाव।
गंगा जमनाँ सूँ काम नहीं रे, मैं तो जाय मिलूँ दरियाव[८]॥
हाल्याँ मोल्याँ[९] सूँ काम नहीं रे, सीख नहीं सिरदार।
कामदाँरा[१०] सूँ काम नहीं रे, मैं तो ज्वाब करूँ दरबार[११]॥
काच कथीर[१२] सूँ काम नहीं रे, लोहा चढ़े सिर भार।
सोना रूपा[१३] सूँ काम नहीं रे, म्हाँरे हीराँ रौ बौपार॥[१४]
भाग हमारो जागियो रे, भयो समँद सूँ सीर[१५]।
अम्रित प्याला छाँड़ि कै, कुण पीवै कड़वो नीर॥
पीपा[१६] कूँ प्रभु परचो[१७] दीन्हौ, दिया रे खजाना पूर।
मीराँ के प्रभु गिरधर नागर धणी मिल्या छै हजूर॥

---

[१] ईश्वर का घर [२] संबंध [३] मेरे [४] की [५] लालसा, वासना [६] छिछले पानी के गड्ढे में [७] कीचड़ भरा गड्ढा [८] समुद्र [९] हम तुम जैसे, साधारण लोग [१०] कर्मचारी [११] सीधे राजा के दरबार जाऊंगी [१२] काँच के टुकड़े [१३] सोना चांदी [१४] हीरों का ब्यापार [१५] सम्पत्ति [१६] भक्त पीपा जी [१७] परिचय

(६२)

मेरो मन रामहि राम रटै रे॥
राम नाम जप लीजै प्राणी कोटिक पाप कटै रे।
जनम जनम के खत[1] जु पुराने नामहिं लेत फटै रे॥
कनक कटोरे इम्रत भरियो पीवत कौन नटै रे।
मीराँ कहै प्रभु हरि अबिनासी तन मन ताहि पटै रे॥

(६३)

बरजी[2] मैं काहु की[3] नाहिं रहूँ[4]।
सुनौ री सखी तुम सों या मन की साँची बात कहूँ॥
साध सँगति करि हरि सुख लेऊँ जग सूँ दूर रहूँ।
तन धन मेरो सब ही जावो भले मेरो सीस लहूँ॥
मन मेरो लागो सुमिरण सेती सब का मैं बोल सहूँ।
मीराँ के प्रभु हरि अबिनासी सतगुर सरन गहूँ॥

---

[1] कर्मों के खाते [2] रोकी हुई [3] किसी की [4] रुकूंगी नहीं

(६४)

लागी मोहिं राम खुमारी[१] हो।।
रमझम बरसे मेंहड़ा[२] भीजै तन सारी[३] हो।
चहुँ दिसि चमकै दामणी[४] गरजै घन भारी हो।।
सतगुर भेद बताइया खोली भरम किंवारी[५] हो।
सब घट दीसै आतमा सब ही सूँ न्यारी हो।।
दीपक जोऊँ[६] ज्ञान का चढ़ूँ अगम[७] अटारी[८] हो।
मीराँ दासी राम की इमरत बलिहारी हो।।

(६५)

आली री मेरे नैणाँ[९] बाण पड़ी[१०]।।
चित्त चढ़ी मेरे माधुरि मूरत उर बिच आन अड़ी[११]।
कब की ठाढ़ी पंथ निहारूँ अपने भवन खड़ी।।
कैसे प्राण पिया बिन राखूँ जीवन-मूर[१२] जड़ी।
मीराँ गिरधर हाथ बिकानी लोग कहैं बिगड़ी।।

---

[१] सोने के बाद या नशा उतरने के बाद की स्थिति [२] मेघ [३] साड़ी [४] बिजली [५] भ्रम की खिड़की, अज्ञान का द्वार [६] जलाऊँ [७] ब्रह्मपद [८] महल का शिखर [९] नैनों के [१०] लग गए [११] अटकी [१२] संजीवनी बूटी

(६६)

लागी सोई जाणै कठण[१] लगण[२] दी[३] पीर।
बिपत पड़्याँ कोइ निकट न आवै सुख में सब को सीर।।
बाहर घाव कछू नहिं दीसै रोम रोम दी पीर।
जन मीराँ गिरधर के ऊपर सदकै[४] करूँ सरीर।।

(६७)

णातो[५] साँवरो री म्हाँसूँ, तनक न तोड्याँ जाय।।
पानाँ[६] ज्यूँ पीली पड़ी रे, लोग कहैं पिंड[७] रोग।
छाने[८] लाँघण[९] मैं किया रे, राम मिलण के जोग।।
बाबल[१०] वैद बुलाइआ रे, पकड़ दिखाई म्हारी बाँह।
मूरिख बैद मरम नहिं जाणै करक कलेजा माँह।।
जा बैदाँ घर आपणे रे मेरो नाँव न लेइ।
मैं तो दाधी[११] बिरह की रे तू काहे कूँ औषद देइ।।
माँस गलि गलि छीजिया[१२] रे करक रह्या गल आयि।
आँगुलियाँ री मूँदड़ी म्हारे आवण लागी बायि।।
रहु रहु पापी पपीहड़ा रे पिव को नाम न लेय।
जे कोइ विरहणि साम्हले तो पिव कारण जिव देय।।
खिण[१३] मंदिर खिण आँगणे रे खिण खिण ठाढ़ी होय।

---

[१] कठिन, कठोर [२] लगन, प्रेम [३] की [४] न्योछावर [५] नाता [६] पान का पत्ता, सूखा पत्ता [७] पीलिया [८] छिप कर [९] उपवास [१०] पिता [११] जलाई [१२] पतला पड़ गया, नष्ट हो गया, क्षीण हो गया [१३] क्षण

घायल ज्यूँ घूमूँ खड़ी म्हाँरी बिथा न बूझै कोय॥
काढ़ि कलेजो मैं धरूँ रे कौवा तू ले जाय।
ज्याँ देसाँ म्हारो पिव बसै रे वे देखै तू खाय॥
म्हाँरे नातो नाँव को रे और न नातो कोइ।
मीराँ ब्याकुल बिरहणी रे पिया दरसण दीजो मोइ॥

(६८)

माई म्हाँरी हरी न बूझी बात।
पिंड[१] माँसूँ प्राण पापी निकस क्यूँ नहिं जात॥
पाट[२] न खोल्या मुखाँ न बोल्या साँझ लगि परभात।[३]
अबोलणा जुग बीतण लागो[४] काहे की कुसलात॥
सावण आवण कह गया रे हरि आवण की आस।
रैण अंधेरी बीजु[५] चमकै तारा गिणत निरास[६]॥
सुपन में हरि दरस दीन्हों मैं न जाण्यूँ हरि जात।
नैण म्हाँरा उघड़ आया[७] रही मन पछतात॥
लेइ कटारी कंठ सारूँ[८] मरूंगी बिष खाइ।
मीराँ दासी राम राती[९] लालच रहि ललचाइ॥

---

[१] शरीर [२] घूंघट, द्वार [३] संध्या से प्रभात तक [४] बिना बोले एक युग बीतने को आया [५] बिजली
[६] तारे गिनते गिनते निराश हो गई [७] खुल गया [८] काटूँ [९] अनुरक्त

(६९)

घड़ी एक नहिं आवड़े[१] तुम दरसण बिन मोय।
तुम हो मेरे प्राण जी का सूँ जीवण होय।।
धान[२] न भावै नींद न आवै बिरह सतावै मोय।
घायल घूमत फिरूँ रे मेरा दरद न जाणै कोय।।
दिवस तो खाय गमायो रे रैण गमाई सोय।
प्राण गमायो झूरताँ[३] रे नैण गमाई रोय।।
जो मैं ऐसा जाणती रे प्रीत किये दुख होय।
नगर ढंढोरा फेरती रे प्रीत करो मत कोय।।
पंथ निहारूँ डगर बुहारूँ ऊभी[४] मारग जोय।
मीराँ के प्रभु कब रे मिलोगे तुम मिलियाँ सुख होय।।

(७०)

प्रभु बिन ना सरै[५] माई।
मेरा प्राण निकस्या[६] जात[७] हरी बिन ना सरै माई।।
कमठ दादुर बसत जल में जल से उपजाई।[८]
मीन जल से बाहर कीना तुरत मर जाई।।
काठ लकरी बन परी काठ धुन खाई।
ले अगन प्रभु डार आये भसम हो जाई।।
बन बन ढूँढत मैं फिरी आली सुध नहिं पाई।
एक बेर दरसण दीजै सब कसर मिटि जाई।।

---

[१] सुहाती [२] अन्न, भोजन [३] वियोग के दुःख में [४] थक गई [५] काम चलना [६] निकलता [७] जाता है [८] भाव यह है कि यद्यपि कछुआ और मेंढक जल में पैदा होते और बसते हैं पर जल के बिना जी लेते हैं

पात ज्यूँ पीरी पीरी अरु बिपत तन छाई।
दासी मीराँ लाल गिरधर मिल्याँ सुख छाई॥

(७१)

हे री मैं तो दरद दिवाणी मेरा दरद न जाणै कोय॥
घायल की गति घायल जाणै की जिण लाई होय।
जौहरि की गति जौहरि जाणै की जिण जौहर जोय॥
सूली ऊपरि सेज हमारी सोवण किस बिध होय।
गगन मंडल पै सेज पिया की किस बिध मिलणा होय॥
दरद की मारी बन बन डोलूँ बैद मिल्या नहिं कोय।
मीराँ की प्रभु पीर मिटैगी जब बैद साँवलिया होय॥

(७२)

राम मिलण री[१] घणो[२] उमावो[३] नित उठ जोऊँ बाटड़ियाँ[४]।
दरस बिना मोहि कछु न सुहावै जक[५] न पड़त है आँखड़ियाँ॥
तलफत तलफत बहु दिन बीता परी बिरह की फाँसड़ियाँ[६]।
अब तो बेगि दया कर प्यारे मैं तो तुम्हारी दासड़ियाँ॥
नैण दुखी दरसण कूँ तरसैं नाभि न बैठे साँसड़ियाँ[७]।
राति दिवस यह आरति मेरे कब हरि राखै पासड़ियाँ[८]॥
लगी लगन छूटण की नाहीं अब क्यूँ कीजै आँटड़ियाँ[९]।
मीराँ के प्रभु कबरे मिलोगे पूरौ मन की आसड़ियाँ[१०]॥

---

[१] मिलने का [२] अत्यधिक [३] उत्साह [४] रास्ता [५] पलक झपकना, चैन पड़ना [६] फाँसी [७] पेट के भीतर सांस टिकती नहीं [८] समीप [९] ज़िद, ऐंठ [१०] आशा

(७३)

राम मिलण के काज सखी मेरे उर में आरति[१] जागी री॥
तलफत तलफत[२] कल न परत है बिरह बाण उर लागी री।
निसदिन पंथ निहारूँ पिव को पलक न पल भर लागी री॥
पीव पीव मैं रटूँ रात दिन दूजी सुध बुध भागी री।
बिरह भुवँग[३] मेरो डस्यो कलेजो लहर हलाहल जागी री॥
मेरी आरति मेटि गुसाईं आइ मिलौ मोहि सागी[४] री।
मीराँ व्याकुल अति अकुलाँणी पिव की उमँग[५] अति लागी री॥

(७४)

जब से मोहिं नंदनँदन दृष्टि पड़यो माई।
तब से परलोक लोक कछू ना सोहाई॥
मोरन की चंद्र कला सीस मुकट सोहै।
केसर को तिलक भाल तीन लोक मोहै॥
कुंडल की अलक झलक कपोलन पर छाई।
मनो[६] मीन सरवर तजि मकर[७] मिलन आई॥
कुटिल भृकुटि तिलक भाल चितवन में टौना[८]।
खंजन अरु मधुप मीन भूले मृग छौना॥[९]

---

[१] पीड़ा [२] तड़पते तड़पते [३] साँप [४] संग, साथ [५] मिलने की इच्छा [६] मानो [७] मगर; पांचवी और छठी पंक्ति का भाव यह है कि मकराकृत कुंडलों की प्रभा कपोलों पर ऐसे फैली है तथा श्री कृष्ण की अलकों की छाया उस प्रभा पर इस प्रकार पड़ रही है मानो मछलियाँ सरोवरों को छोड़ कर मगर से मिलने आई हों। [८] टोना, जादू [९] खंजन पक्षी, भ्रमर, मछली और हिरण का बच्चा, सब प्रभु के सामने अपनी शोभा को भूल जाते हैं

सुंदर अति नासिका सुग्रीव[१] तीन रेखा।
नटवर प्रभु भेष धरे रूप अति बिसेषा।।
अधर बिंब अरुन नैन मधुर मंद हाँसी।
दसन दमक दाड़िम दुति[२] चमके चपला सी।।
छुद्र घंट किंकिनी[३] अनूप धुनि सोहाई।
गिरधर अंग अंग मीराँ बलि जाई।।

(७५)

मीराँ मन मानी सुरत सैल असमानी[४]।।
जब जब सुरत लगे वा घर[५] की पलपल नैनन पानी।
ज्यों हिये पीर तीर सम सालत[६] कसक कसक कसकानी[७]।।
रात दिवस मोहि नींद न आवत भावत अन्न न पानी।
ऐसी पीर बिरह तन भीतर जागत रैन बिहानी[८]।।
ऐस बैद मिलै कोइ भेदी देस बिदेस पिछानी[९]।
तासों पीर कहूँ तन केरी[१०] फिर नहिं भरमौं खानी[११]।।
खोजत फिरौं भेद वा घर को कोइ न करत बखानी।
रैदास संत मिले मोहि सतगुरु दीन्ह सुरत सहदानी[१२]।।
मैं मिली जाय पाय पिय अपना तब मोरी पीर बुझानी।
मीराँ खाक[१३] खलक[१४] सिर डारी मैं अपना घर जानी।।

---

[१] सुन्दर कंठ [२] अनार के दानों की सी पारदर्शी चमक [३] छोटी छोटी घंटियों से जटित करधनी [४] ईश्वर-स्मरण रूपी आकाश पथ का भ्रमण [५] ईश्वर का घर [६] पीड़ा देना [७] टीस उठती है [८] बीत गई [९] पहचानने वाला [१०] की [११] चार खानों (स्वेदज, अंडज, पिंडज और उद्भिज) में (चौरासी लाख योनियों में) भटकना [१२] निशानी [१३] मिट्टी [१४] संसार

(७६)

कोई कछू कहे मन लागा।।
ऐसी प्रीत लगी मनमोहन ज्यूँ सोने में सुहागा।
जनम जनम का सोया मनुवाँ सतगुरु सबद सुण जागा।।
मात पिता सुत कुटम कबीला टूट गया ज्यूँ तागा।
मीरा के प्रभु गिरधर नागर भाग हमारा जागा।।

(७७)

री मेरे पार निकस गया सतगुर मार्‍या तीर।
बिरह-भाल[१] लगी उर अंतरि ब्याकुल भया सरीर।।
इत उत चित चालै नहिं कबहूँ डारी प्रेम जंजीर।
कै जाणै मेरो प्रीतम प्यारो और न जाणै पीर।।
कहा करूँ मेरो बस नहिं सजनी नैन झरत दोउ नीर।
मीराँ कहै प्रभु तुम मिलियाँ बिनि प्राण धरत नहिं धीर।।

(७८)

मोहि लागी लगन गुरु चरनन की।
चरन बिना कछुवै नहिं भावै जग माया सब सपनन की।।
भवसागर सब सूखि गयो है फिकर नहीं मोहिं तरनन की।
मीराँ के प्रभु गिरधर नागर आस वही गुरु सरनन की।।

---

[१] विरह रूपी भाला

(७९)

म्हाँरा सतगुरु बेगाँ आज्यो जी म्हाँरे सुख री सीर बुझाज्यो जी।
तुम बीछड़ियाँ दुख पाऊँ जी मेरा मन माहीं मुरझाऊँ जी॥
मैं कोइल ज्यूँ कुरलाऊँ[१] जी कुछ बाहरि कहि न जणाऊँ जी।
मोहि बाघण[२] बिरह सँतावै जी कोइ कहियाँ पार न पावै जी॥
ज्यूँ जल त्याग्याँ मीना जी तुम दरसण बिन खीना[३] जी।
ज्यूँ चकवी रैंण न भावै जी वा ऊगो[४] भाण[५] सुहावै जी॥
ऊ दिन कबै करोला[६] जी म्हाँरे आँगण पाँव धरोला[७] जी।
अरज करै मीराँ दासी जी गुरु पद रज की मैं प्यासी जी॥

(८०)

जोगी मत जा मत जा मत जा पाँइ परूँ मैं चेरी तेरी हौं।
जोगी मत जा मत जा मत जा॥
प्रेम भगति को पैंड़ो[८] ही न्यारो हमकूँ गैल[९] बता जा।
अगर चंदण की चिता बनाऊँ अपणे हाथ जला जा।
जल बल भई भस्म की ढेरी अपणे अंग लगा जा।
मीराँ कहै प्रभु गिरधर नागर जोत में जोत मिला जा॥

---

[१] विलाप करना, करुणा शब्द करना [२] बाघनी, शेरनी [३] क्षीण, खिन्न [४] उदित, उगा हुआ [५] सूर्य
[६] करोगे [७] धरोगे [८] रास्ता [९] गली, मार्ग

(८१)

जोगिया जी निसिदिन जोऊँ बाट।
पाँव न चालै पंथ दुहेलो[१] आड़ा[२] औघट[३] घाट।।
नगर आइ जोगी रम गया रे मो मन प्रीत न पाइ।
मैं भोली भोलापण कीन्हौ राख्यौ नहिं बिलमाइ।।
जोगिया कूँ जोवत बहुत दिन बीता अजहूँ आयो नाहिं।
बिरह बुझावण अन्तरि आवो तपन लगी तन माहिं।।
कै तो जोगी जग में नाहीं कै बिसारी मोइ।
काँइ करूँ कित जाऊँ री सजनी नैण गुमायो[४] रोइ।।
आरति तेरी अंतर मेरे आवो अपणी जाण।
मीराँ ब्याकुल बिरहिणी रे तुम बिन तलफत प्राण।।

(८२)

जोगिया से प्रीत कियाँ दुख होइ।।
प्रीत कियाँ सुख ना मोरी सजनी जोगी मीत न कोइ।
राति दिवस कल नाहिं परत है तुम मिलियाँ बिनि मोइ।।
ऐसी सूरत या जग माहीं फेरि न देखी सोइ।
मीराँ के प्रभु कब रे मिलोगे मिलियाँ आणंद होइ।।

---

[१] दुष्कर [२] टेढ़ा [३] कठिन [४] गँवा दिए

(८३)

या मोहन के मैं रूप लुभानी।
सुंदर बदन कमल-दल-लोचन बाँकी चितवन मंद मुसकानी।।
जमना के नीरे तीरे धेनु चरावैं बंसी में गावैं मीठी बानी।
तन मन धन गिरधर पर वारौं चरण-कँवल मीराँ लपटानी।।

(८४)

सीसोद्या[१] राणो प्यालो म्हाँने क्यूँ रे पठायो।।
भली बुरी तो मैं नहिं कीन्हीं राणा क्यूँ है रिसायो।
थाँने[२] म्हाँने[३] देह लियो है ज्याँरो[४] हरि गुण गायो।।
कनक कटोरे लै बिष घोल्यो दयाराम पण्डो लायो।
अठी[५] उठी तो मैं देख्यो कर चरणामृत पायो।।
आज काल की मैं नहिं राणा जद यह ब्रह्मांड छायो।
मेड़तियाँ घर जन्म लियो है मीराँ नाम कहायो।।

(८५)

तुम बिन मोरी कौन खबर ले गोबरधन गिरधारी।
मोर मुकुट पीतांबर सोहे कुंडल की छबि न्यारी रे।।
भरी सभा मों द्रौपदी ठारी राखो लाज हमारी रे।
मीराँ के प्रभु गिरधर नागर चरन कमल बलिहारी रे।।

---

[१] सिसोदिया वंश, उदयपुर के राजवंश के राणा सिसोद ग्राम से थे [२] तुम ने [३] हम ने [४] उसी का [५] तुरंत

(८६)

कठण लगन की प्रीत रे हरि लागी सोइ जाने।
प्रीत करी कछु रीत न जाणी छोड़ चले अधबीच॥
दुख की बेला कोइ काम न आवे सुख के सब हे मीत।
मीराँ के प्रभु गिरधर नागर आखर[१] जात अहीर॥

(८७)

थाँनें काइँ काइँ कहि समझाऊँ म्हारा वाल्हा[२] गिरधारी।
पूरब जनम की प्रीति हमारी अब नहिं जात निवारी[३]॥
सुंदर बदन जोवते सजनी प्रीति भई छे[४] भारी।
म्हाँरे घरे पधारो गिरधर मंगल गावैं नारी॥
मोती चौक पुराऊँ वाल्हा तन मन तो पर वारी।
म्हाँरो सगपण[५] तो सूँ साँवलिया जग सूँ नहीं विचारी॥
मीराँ कहे गोपिन[६] को वाल्हो हम सूँ भयो ब्रह्मचारी।
चरन सरन है दासी तुम्हारी पलक न कीजै न्यारी॥

---

[१] आख़िर तो [२] प्रियतम [३] छोड़ी, मिटाई [४] है [५] सगापन, संबंध [६] गोपियों

(८८)

राधा प्यारी दे डारो जु बंसी हमारी।।
ये बंसी में मेरा प्रान बसत हे वो बंसी लेइ गई चोरी।
ना सोने की ना रूपे[१] की हरे हरे बाँस की पोरी।।
घड़ी एक मुख में घड़ी एक कर में घड़ी एक अधर धरी।
मीराँ के प्रभु गिरधर नागर चरण कमल पर बरी[२]।।

(८९)

ओ आवे हरि हँसता सजनी ओ आवे हरि हँसता।
मुज अबला एकलड़ी[३] जाणी पितांबर केड़े कसता।।
पचरंगी पाघ[४] केसरिया रे बाघा[५] फूलडाँ मेहेले[६] तोरा।
मारे[७] आंगणीए[८] द्राख[९] बीजोराँ मेवले[१०] भरावुँ तारा खोला[११]।।
प्रीत करे तेनी पुठ न मेले[१२] पासेथी से नथी खसता।
मीराँ बाई के प्रभु गिरधर नागर हाँरे वालो हृदय कमलमाँ वसता।।

---

[१] चांदी [२] न्योछावर [३] अकेली [४] पगड़ी [५] वस्त्र [६] सुन्दर [७] मेरे, हमारे [८] आंगन में [९] मुनक्का [१०] मेवों से [११] थैली [१२] रक्षा/परवाह नहीं करता

(१०)

कछु लेना न देना मगन रहना।
नाँय[१] किसी की कानाँ सुनणाँ नायँ किसी कूँ अपनी कहना ॥
गहरी नदिया नाव पुराणी खेवटिये[२] सूँ मिलता रहना।
मीराँ के प्रभु गिरधर नागर साँवरा के चरणाँ चित्त देना॥

(११)

भर मारी रे बानाँ मेरे सतगुरु बिरह लगाय के।
पाँवन[३] पंगा[४] कानन[५] बहिरा सूझत नाहीं नैना॥
खड़ी खड़ी रे पंथ निहारूँ मरम[६] न कोई जाना।
सतगुरु ऐसी ओषध दीन्हीं रूम रूम[७] भइ चैना॥
सतगुरु जस्या बैद न कोई पूछो बेद पुराना।
मीराँ के प्रभु गिरधर नागर अमर लोक में रहना॥

(१२)

जावो निरमोहिया जाणी[८] थारी[९] प्रीत।
लगन लगी जद[१०] प्रीत और ही अब कुछ और ही रीत॥
इमरित प्याय के बिष क्यूँ दीजे कूण[११] गाँव की रीत।
मीराँ के प्रभु हरि अबिनासी अपनी गरज के मीत॥

---

[१] नहीं [२] केवट, भवसागर से पार करने वाला, ईश्वर [३] पैरों से [४] पंगु, लंगड़ा [५] कानों से [६] रहस्य, भेद [७] रोम रोम [८] जान ली, समझ गई [९] तुम्हारी [१०] जब [११] कौन से

(१३)

जाबा दे[१] जाबा दे जोगी किसका मीत।।
सदा उदासि रहै मोरी सजनी निपट अटपटी रीत।
बोलत बचन मधुर से मीठे जोरत नाहीं प्रीत।।
मैं जाणूँ[२] या पार[३] निभैगी छाँड़ि चले अधबीच।
मीराँ के प्रभु स्याम मनोहर प्रेम पिआरा मीत।।

(१४)

मेरे मन राम नामा बसी।
तेरे कारण स्याम सुँदर सकल लोगाँ हँसी।।
कोई कहे मीराँ भइ बौरी[४] कोई कहे कुल नसी[५]।
कोई कहे मीराँ दीप आगरी[६] नाम पिया सूँ रसी[७]।।
खाँड़[८] धार भक्ती की न्यारी काटिहै जम फँसी[९]।
मीराँ के प्रभु गिरधर नागर सब्द-सरोवर[१०] धँसी[११]।।

---

[१] जवाब दो, बोलो तो [२] समझती थी [३] उस पार तक, अन्त तक [४] बावरी, पगली [५] कुलनाशिनी [६] दिये की लौ [७] प्रियतम के नाम रूपी तेल में लिपटी हुई [८] तलवार [९] फाँसी [१०] ईश्वर के नाम रूपी सरोवर में [११] डूबी हुई

(९५)

कमल दल लोचनाँ तैंने कैसे नाथ्यो भुजंग।
पैसि[१] पियाल[२] काली नाग नाथ्यो फण फण निरत[३] करंत।।
कूद पर्‌यो न डर्‌यौ जल माहीं और काहू नहिं संक।
मीराँ के प्रभु गिरधर नागर श्री बृंदाबन चंद।।

(९६)

तुम जीमो[४] गिरधर लाल जी।।
मीराँ दासी अरज करे छे[५] सुनिए परम दयाल जी।
छप्पन भोग छतीसो बिंजन पावन जन प्रतिपाल[६] जी।।
राजभोग अरोगो[७] गिरधर सनमुख राखो थाल जी।
मीराँ दासी चरण उपासी[८] कीजे बेग निहाल जी।।

---

१ पैठकर, जाकर २ पाताल ३ नृत्य ४ भोजन करो ५ करती है ६ भक्तों का पालन-रक्षण करने वाले ७ ग्रहण करो ८ उपासिका

(१७)

आली साँवरो की दृष्टि मानों प्रेम की कटारी है॥
लागत बेहाल भइ तन की सुधि बुद्धि गइ
तन मन ब्यापो प्रेम मानो मतवारी है।
सखियाँ मिलि दुइ चारी बावरी सी भई न्यारी
हौं तो वाकी[१] नीके जानों कुंज को बिहारी है॥
चंद को चकोर चहै दीपक पतंग दहै
जल बिना मीन जैसे तैसे प्रीत प्यारी है।
बिनती करौं हे स्याम लागौं मैं तुम्हारे पाँम[२],
मीराँ प्रभु ऐसे जानो दासी तुम्हारी है॥

(१८)

सोवतही पलकाँ[३] में मैं तो पलक लगी पल में पिउ आये॥
मैं जु उठी प्रभु आदर देन कूँ जाग परी पिव ढूंढ न पाये।
और सखी पिउ सूत[४] गमाये[५] मैं जू सखी पिउ जागि गमाये॥
आज की बात कहा कहूँ सजनी सपना में हरि लेत बुलाये।
वस्तु एक जब प्रेम की पकरी आज भये सखि मन के भाये॥
वो माहरो सुनिहै अरु गुनिहै बाजे अधिक बजाये।
मीरा कहे सत्त कर मानो भक्ति मुक्ति फल पाये॥

---

[१] मैं तो उस की हूँ [२] पैर, चरण [३] पलंग [४] सोते हुए [५] गँवाए

(९९)

छाँड़ो लँगर[१] मोरी बहियाँ गहो ना।।
मैं तो नार पराये घर की मेरे भरोसे गुपाल रहो ना।
जो तुम मेरी बहियाँ गहत हो नयन जोर[२] मेरे प्राण हरो ना।।
बृंदाबन की कुंज गली में रीत छोड़ अनरीत[३] करो ना।
मीराँ के प्रभु गिरधर नागर चरण कमल चित टारे टरो ना।।

(१००)

रमैया बिन नींद न आवै।
नींद न आवै बिरह सतावै प्रेम की आँच ढुलावै[४]।।
बिन पिया जोत मंदिर अँधियारो दीपक दाय[५] न आवै।
पिया बिन मेरी सेज अलूनी[६] जागत रैण बिहावै।।
पिया कब रे घर आवै।।
दादुर मोर पपिहरा बोलै कोयल सबद सुणावै।
घुमँड़ घटा ऊलर होइ आई[७] दामिन दमक डरावै।।
नैन झर लावै।।
कहा करूँ कित जाऊँ मोरी सजनी वेदन[८] कूण[९] बुतावै[१०]।
विरह नागण मोरी काया डसी है लहर लहर जिव जावै।।
जड़ी घस लावै।।
को है सखी सहेली सजनी पिया कूँ आन मिलावै।
मीराँ कूँ प्रभु कब रे मिलोगे मनमोहन मोहिं भावै।।
कबै हँस कर बतलावै[११]।।

---

[१] नटखट [२] आँखों के ज़ोर से, आँखों के आकर्षण से [३] मर्यादा विरुद्ध काम [४] डुलाती है, बेचैन करती है [५] पसंद [६] फीकी [७] चढ़ आई [८] वेदना, पीड़ा [९] कौन [१०] बुझाएगा, मिटाएगा [११] बातें करेगा

(१०१)

नींदलड़ी[१] नहिं आवै सारी रात किस बिध होइ परभात।।
चमक[२] उठी सपने सुध भूली चन्द्र कला न सोहात।
तलफ[३] तलफ जिव[४] जाय हमारो कब रे मिलो दीनानाथ।।
भइ हूँ दीवानी तन सुध भूली कोई न जानी म्हाँरी बात।
मीराँ कहै बीती सोइ जाणै मरण जीवण उण हाथ।।

(१०२)

पपइया रे पिव की बाणि[५] न बोल।
सुणि पावेली बिरहणी थारो रालैली[६] आँख मरोड़।।
चाँच[७] कटाऊँ पपइया रे ऊपरि कालर लूण[८]।
पिव मेरा मैं पिव की रे तू पिव काहै त कूण।।[९]
थारा सबद सुहावणा रे जो पिव मेला आज।
चाँच मढ़ाऊँ थारी सोवनी[१०] रे तू मेरे सिरताज।।
प्रीतम कूँ पतियाँ लिखूँ कउवा तू ले जाय।
जाइ प्रीतम जी सूँ यूँ कहै रे थाँरी बिरहणि धान न खाइ[११]।।
मीराँ दासी व्याकुली रे पिव पिव करत विहाइ।
बेगि मिलो प्रभु अन्तरजामी तुम बिन रह्यो न जाइ।।

---

[१] निद्रा [२] चौंक कर [३] तड़प [४] हृदय [५] शब्द (पिया पिया मत बोल) [६] राखेगी, डालेगी [७] चोंच [८] काला नमक [९] तु पिया का कौन लगता है? [१०] सोने की [११] अन्न नहीं खाती

(१०३)

मैं बिरहिन बैठी जागूँ जगत सब सोवै री आली॥
बिरहिन बैठी रंग महल में मोतियन की लड़ पोवै[१]।
इक बिरहिन हम ऐसी देखी अँसुअन की माला पोवै॥
तारा गिण गिण रैण बिहानी सुख की घड़ी कब आवै।
मीराँ के प्रभु गिरधर नागर मिल के बिछुड़ न जावै॥

(१०४)

कभी म्हाँरी गली आव रे, जिय की तपत बुझाव रे।
म्हाँरे मोहनाँ प्यारे॥
तेरे साँवले बदन पर कई कोट[२] काम वारे।
तेरा खूबी[३] के दरस पै नैन तरसते म्हाँरे॥
घायल फिरूँ तड़पती पीर न जाने कोई।
जिस लागी पीड़ प्रेम की जिन लाई जाने सोई॥
जैसे जल के सोखे मीन क्या जिवैं बिचारे।
किरपा कीजे दरस दीजे मीराँ नन्द के दुलारे॥

---

[१] पिरोती है [२] कोटि, करोड़ों [३] सौन्दर्य, ख़ूबसूरती

(१०५)

पतियाँ मैं कैसे लिखूँ लिखिही न जाई॥
कलम भरत मेरे कर कंपत हिरदो रहो घर्राई[१]।
बात कहूँ मोहिं बात न आवै, नैण रहे झर्राई[२]॥
किस बिधि चरण कमल मैं गहिहौं सबहि अंग थर्राई।
मीराँ कहे प्रभु गिरधर नागर सब ही दुख बिसराई॥[३]

(१०६)

या ब्रज में कछु देख्यो री टोना॥
ले मटकी सिर चली गुजरिया,
आगे मिले बाबा नंद जी के छौना।
दधि को नाम बिसरि गयो प्यारी,
ले लेहु रे कोइ स्याम सलोना॥
बिन्द्राबन की कुंज गलिन में,
आँख लगाइ गयो मनमोहना।
मीराँ के प्रभु गिरधर नागर,
सुन्दर स्याम सुघर रसलोना॥

---

[१] धड़क रहा है [२] झर झर आँसू बह रहे हैं [३] दुख बिसराई, यहाँ गिरधर नागर के विशेषण के रूप में है, प्रभु सब दुःखों को दूर करने वाले हैं। दूसरा अर्थ यह है कि मीराँ कहती हैं कि अब मेरे सब दुःखों का निवारण गिरिधर का नाम लेने से ही सकता है।

(१०७)

स्याम मोसूँ ऐंडो[१] डोले हो।
औरन सूँ खेले धमार म्हाँसूँ मुखहुँ न बोले हो।।
म्हाँरी गलियाँ ना फिरे वा के आंगण डोले हो।
म्हाँरी अँगुली ना छुवे वा को बहियाँ मोरे हो।।
म्हाँरे अँचरा ना छुवे वा को घूँघट खोले हो।
मीराँ को प्रभु साँवरो रँग रसिया डोले हो।।

(१०८)

गोबिंद कबहुँ मिलै पिय मेरा।।
चरण कँवल कूँ हँसि हँसि देखूँ राखूँ नैणाँ[२] नेरा[३]।
निरखण कूँ मोहि चाव घणेरो[४] कब देखूँ मुख तेरा।।
ब्याकुल प्राण धरत नहिं धीरज मिलि तूँ मीत सबेरा[५]।
मीराँ के प्रभु गिरधर नागर ताप तपन[६] बहुतेरा।।

---

[१] ऐंठ ऐंठ कर [२] नेत्रों के [३] समीप [४] अत्यधिक [५] जल्दी, शीघ्र [६] वियोग के ताप की जलन

(१०९)

आज म्हाँरे साधू जन नो[१] संग रे, राणा म्हाँरा भाग भल्याँ[२]।
साधू जन ने[१] संग जो करिये चढ़ेते चौगणो[३] रंग रे॥
साकट[४] जन नो संग न करिये पड़त भजन में भंग रे।
अठसठ तीरथ संतों ने[५] चरणे कोटि कासी ने सोय गंग रे॥
निन्दा करसे नरक कुंड माँ जासे थासे[६] आँधला[७] अपंग[८] रे।
मीरा के प्रभु गिरधर नागर संतों नी[९] रज म्हाँरे अंग रे॥

(११०)

अब नहिं बिसरूँ म्हाँरे हिरदे लिख्यो हरिनाम।
म्हाँरे सतगुर दियो बताय अब नहिं बिसरूँ रे॥
मीराँ बैठी महल में ऊठत बैठत राम।
सेवा करस्याँ[१०] साध की म्हाँरे और न दूजो काम॥
राणो जी बतलाइया कह देणो जवाब।
पण[११] लाग्यो हरि नाम सूँ म्हाँरे दिन दिन दूनो लाभ॥
सींप भर्‌यो[१२] पानी पीवे रे टाँक[१३] भर्‌यो अन्न खाय।
बतलायाँ बोली नहीं रे राणो जी गया रिसाय॥
बिषरा प्याला राणो जी भेज्या दीज्यो मेड़तणी[१४] के हाथ।

---

[१] का [२] सौभाग्य [३] चौगुना [४] नास्तिक, भक्तिहीन [५] के [६] हो जाएगा [७] अंधा [८] अपाहिज [९] की [१०] करूंगी [११] प्रण, लगन [१२] सीपी भर, थोड़ा सा [१३] टंक, तीन चार माशा [१४] मेड़ता की निवासिनी, मीराँ

कर चरणामृत पी गई म्हाँरे सबल धणी[1] को साथ।।
बिष को प्यालो पी गई भजन करे राठौर।
थारी[2] मारी ना मरूँ म्हाँरो राखण वालो और।।
राणो जी मो पर कोप्यो रे मारूँ एक न सेल[3]।
मार्याँ पराछित[4] लागसी म्हाँने दीज्यो पीहर मेल।।
राणो मो पर कोप्यो रे रती न राख्यो मोद[5]।
ले जाती बैकुण्ठ में यों तो समझ्यो नहीं सिसोद[6]।।
छापा तिलक बणाइआ तजिया सब सिणगार[7]।
म्हें तो शरणे राम के भल निन्दो संसार।।
माला म्हाँरे देवड़ी[8] सील बरत[9] सिणगार।
अब के किरपा कीजियो हूँ तो फिर बाँधूँ तलवार।।
रथाँ बैल जुताय के ऊँटाँ कसियो भार।
कैसे तोड़ूँ राम सूँ म्हाँरो भो भोरो[10] भरतार।।
राणो सांड्यो[11] मोकल्यो[12] जाज्यो एके दौड़।
कुल की तारण इस्तरी या तो मुरड़[13] चली राठोड़।।
सांड़ो पाछो फेर्यो रे परत न देस्याँ पाँव।
कर सूरापण[14] नीसरी[15] म्हाँरे कुण राणे कुण राव।।
संसारी निन्दा करे रे दुखियों सब परिवार।
कुल सारो ही लाजसी मीराँ थें जो भया जी ख्वार[16]।।
राती माती प्रेम की बिष भगत को मोड़।
राम अमल माती रहे धन मीराँ राठोड़।।

---

[1] स्वामी [2] तुम्हारी [3] भाला [4] प्रायश्चित्त [5] स्नेह, लिहाज [6] सिसोदिया, राणा [7] शृंगार [8] देवता की, स्वामी की [9] उपवास [10] भोला [11] साँड़नी, ऊँटनी [12] भेजी [13] लौट [14] शूरवीरता [15] निकली [16] कलंकित, नष्ट

(१११)

हेली म्हाँसूँ हरि बिन रह्यो न जाय।।
सासु लड़े मेरी ननद खिजावे राणा रह्या रिसाय।
पहरो भी राख्यो चौकी बिठार्यो ताला दियो जड़ाय।।
पूरब जनम की प्रीत पुराणी सो क्यूँ छोड़ी जाय।
मीराँ के प्रभु गिरधर नागर और न आवै म्हाँरी दाय[१]।।

(११२)

तेरो कोइ नहिं रोकणहार मगन होइ मीराँ चली।।
लाज सरम कुल की मरजादा सिर सैं दूरि करी।
मान अपमान दोऊ धर पटके निकली हुँ ग्यान गली।।
ऊँची अटरिया लाल किंवड़िया निरगुन सेज बिछी।
पचरंगी झालर सुभ सोहै फूलन फूल कली।।
बाजूबंद कडूला सोहै सिंदुर मांग भरी।
सुमिरन थाल हाथ में लीन्हा सोभा अधिक भली।।
सेज सुखमणा मीराँ सोवे सुभ है आज घरी।
तुम जावो राणा घर अपणे मेरी तेरी नाहिं सरी।।

---

[१] पसन्द

(११३)

अब नहिं मानूँ राणा थाँरी मैं बर पायो गिरधारी।।
मनि कपूर की एकै गति है कोऊ कहो हजारी[१]।
कंकर कंचन एकै गति है गुंज[२] मिरच इक सारी[३]।।
अनड़ धणी को सरणे लीनो हाथ सुमिरिनी धारी।
जोग लियो जब क्या दिलगीरी[४] गुरु पाया निज भारी।।
साधू संगत महँ दिल राजी भई कुटुंब सूँ न्यारी।
क्रोड़[५] बार समझावो मोकूँ चालूँगी बुद्धि हमारी।।
रतन जड़ित की टोपी सिर पै हार कंठ को भारी।
चरण घूंघरू घमस पड़त हैं म्हैं कराँ श्याम सूँ यारी।।
लाज सरम सब ही मैं डारी यौ तन चरण अधारी।
मीराँ के प्रभु गिरधर नागर झक मारो संसारी।।

(११४)

कहो ने जोशी[६] प्यारा राम मिलन कब होशी।
जो जोशी मोहें प्रभु मिलें तो हीरा जड़ावूँ तेरी पोथी।।
जो जोशी मोहें प्रभु न मिलें तो झूठी पड़े तेरी पोथी।
मीराँ के प्रभु गिरधर नागर राम मिले सुख होसी।।

---

[१] हजार प्रकार से [२] गुंजा [३] एक समान [४] पश्चाताप [५] करोड़ [६] ज्योतिषी

(११५)

सहेलियाँ साजन घरि आया हो।
बहुत दिनाँ की जोवती बिरहणि पिय पाया हो॥
रतन करूँ नेवछावरी[१] ले आरति साजूँ हो।
पिय का दिया सनेसड़ा[२] ताहिं बहोत निवाजूँ[३] हो॥
पाँच सखी इकठी भईं मिलि मंगल गावैं हो।
पिय का रली[४] वधावणाँ[५] आणँद[६] अँग न मावै[७] हो॥
हरिसागर[८] सों नेहरो[९] नैणाँ बंध्या सनेह[१०] हो।
मीराँ सखि के आँगणै दूधाँ बूड़ा मेह[११] हो॥

(११६)

म्हाँरा ओलगिया[१२] घर आया जी।
तन की ताप मिटी सुख पाया हिलमिल गाया जी॥
घन की धुनि[१३] सुनि मोर मगन भया यूँ मेरे आणंद छाया जी।
मगन भई मिलि प्रभु अपणा[१४] सूँ भौ[१५] का दरद मिटाया जी॥
चंद कूँ देखि कमोदणि[१६] फूलै हरखि भया मेरी काया जी।
रग रग सीतल भई मेरी सजनी हरि मेरे महल सिधाया जी॥
सब भगतन का कारज कीन्हाँ सोई प्रभु मैं पाया जी।
मीराँ बिरहणि सीतल होई दुख दुंद[१७] दूर नसाया जी॥

---

[१] निछावर [२] संदेश [३] सत्कार करूँ (प्रिय का संदेश देने वाले का बहुत सत्कार करूँ) [४] बजाना [५] बधाई [६] आनंद [७] अंग (शरीर) में समाता नहीं [८] हरि रूपी समुद्र [९] नेह, प्रेम [१०] स्नेह से बंधे हुए नेत्र [११] दूध से भरा मेघ [१२] परदेसी प्रियतम [१३] बादलों की गर्जना [१४] अपने [१५] भवसागर का, आवागमन का [१६] कुमुदिनी [१७] द्वंद्व

(११७)

मैं जाण्यो नाहीं प्रभु को मिलण कैसे होय री।
आये मेरे सजना फिरि गये अँगना मैं अभागण रहि सोय री॥
फाड़ूँगी चीर[१] करूँ गल कंथा[२] रहूँगी वैरागण होय री।
चुड़ियाँ फोरूँ मांग बखेरूँ कजरा मैं डारूँ धोय री॥
निसि बासर मोहिं बिरह सतावै कल न परत पल मोय री।
मीराँ के प्रभु हरि अबिनासी मिलि बिछुड़ो मत कोय री॥[३]

(११८)

सूरत दीनानाथ सूँ लगी तूँ तो समझ सुहागण नार॥
लगनी लहँगो पहर सुहागण बीती जाय बहार[४]।
धन जोबन है पावणा[५] री, मिलै न दूजी बार॥
रामनाम को चुड़लो[६] पहिरो प्रेम को सुरमो सार[७]।
नकबेसर[८] प्रभु नाम की री उतर चलो नी[९] परले पार॥
ऐसे बर को क्या बरूँ जो जनमै और मर जाय।
बर बरिये एक साँवरो री (म्हाँरो) चुड़लो[१०] अमर होय जाय॥
मैं जान्यो हरि मैं ठग्यो री हरि ठग ले गयो मोय[११]।
लख चौरासी मौरचा री छिन में गेर्या छै बिगोय[१२]॥
सुरत चली जहाँ मैं चली री, कृष्ण नाम झणकार।
अबिनासी की पोल[१३] पर जी मीराँ करै छै पुकार॥

---

[१] रेशमी वस्त्र [२] वैरागियों का परिधान [३] मिलने के बाद किसी को बिछुड़ना न पड़े। [४] वसंत ऋतु [५] मेहमान [६] चूड़ा, सुहाग की सूचक चूड़ियाँ [७] लगाओ [८] नाक का आभूषण [९] री [१०] सुहाग [११] मुझे [१२] तोड़ कर गिरा दिया [१३] द्वार

(११९)

लगे रहना लगे रहना हरी भजन में लगे रहना।।
साहब का घर दूर है रे जैसी लगी खजूर।
चढ़े ते चाखे प्रेम रस पड़े तो चकनाचूर।।
क्या बकतर[१] का पहरना रे क्या ढालों की ओट।
सूरे पूरे[२] का पारखा[३] रे लड़े धणी[४] सें जोर[५]।।
कान्ह कटारी बड़ी रे गुरु गोबिंद तलवार।
धनुष्य❖ रूपी भाला बाँध के कबू न लागे हार।।
हाड़ चाम की देह बनी रे नव नाड़ी दश कोर।
मीराँ के प्रभु गिरधर नागर लगी मर्म की चोट।।

(१२०)

राम मोरी बाँहड़ली जी गहो।
या भवसागर मंझधार में थेही[६] निभावण हो।।
म्हाँ[७] में ओगुण[८] घणा[९] छे प्रभु जी थे ही सहो तो सहो।
मीराँ के प्रभु हरि अबिनासी लाज बिरद की बहो[१०]।।

---

[१] कवच [२] पूरा शूरवीर [३] परीक्षा [४] मालिक [५] बल पर ❖ यह प्रयोग सही प्रतीत नहीं होता
[६] आपही [७] मुझ [८] अवगुण [९] बहुत [१०] संभालो

(१२१)

करम गति टारे नाहिं टरे॥
सतवादी हरिचंद्र से राजा नीच घर नीर भरे।[१]
पाँच पांडु अरु सती द्रौपदी हाड़ हिमालय गिरे॥[२]
जाय कियो बलि लेण इन्द्रासन सो पाताल धरे।[३]
मीराँ के प्रभु गिरधर नागर विख ते अम्रित करे॥

(१२२)

अच्छे मीठे चाख चाख बेर लाई भीलनी[४]॥
ऐसी कहा अचारवती रूप नहीं एक रती।[५]
नीच कुल ओछो जात अति ही कुचीलणी[६]॥
जूठे फल लीन्हें राम प्रेम की प्रतीत[७] जाण।
ऊँच नीच जाने नहिं रस की रसीलणी[८]॥
ऐसी कहा बेद पढ़ी छिन में बिमान चढ़ी।
हरि जू सो बाँध्यो हेत[९] बैकुँठ में झूलणी॥
ऐसी प्रीत करे सोइ दास मीराँ तरे सोई।
पतित पावन प्रभु गोकुल अहीरणी॥

---

[१] हरिशचन्द्र को चांडाल (डोम) के यहाँ नौकरी करनी पड़ी थी [२] पांडवों और द्रौपदी का शरीर हिमालय की बर्फ़ में गला था [३] तीन पैर पृथ्वी का दान मांग कर वामन अवतार में विष्णु ने दैत्यराज बलि से सारा विश्व ले लिया था और उसे पाताल का राज्य दे दिया था। [४] रामायण के प्रसंग में: भीलनी ने श्रीराम को खिलाने के लिए चख चख कर मीठे बेर रक्खे थे [५] उसका न तो आचार श्रेष्ठ था, न वह रूपवती थी, केवल श्रीराम के चरणों में रति थी [६] कुमार्ग पर चलने वाली [७] विश्वास [८] रस को जानने वाली [९] प्रेम

(१२३)

रामा कहिये रे गोविंद कहिये॥
कंकर हीरा एकसार सा हीरा किसकूँ कहिये रे।
हीरापण तो जदहीं जाणूँ महँगा मोल बिकइये रे॥
कोयल कागा एक सरीखा कोयल किसको कहिये रे।
कोयलपण तो जदहीं जाणूँ मीठा बचन सुणइये रे॥
हंसा बगला एक सरीखा हंसा किसकूँ कहिये रे।
हंसापण तो जद हीं जाणूँ चुग चुग मोती खइये रे॥
जगताँ भगताँ के आवरे हैं भगताँ किसको कहिये रे।
भगतपणो तो जदहीं जाणूँ बोल सभी का सहिये रे॥
मीराँ के प्रभु गिरधर नागर हरि चरणाँ चित दइये रे।
द्वारका के ठाकुर के सरण में जाकर रहिये रे॥

(१२४)

लेताँ लेताँ राम नाम रे लोकड़ियाँ[१] तो लाजाँ[२] मरे छे।
हरि मंदिर जाताँ[३] पावलिया[४] रे दूखे फिरि आवे सारो गाम[५] रे॥
झगड़ो थाय[६] त्याँ[७] दौड़ीने[८] जाय रे मुकी ने घर ना काम रे[९]।
भाँड़ भवैया गणिका नृत्य करताँ बैसी रहे चारों जाम[१०] रे॥
सत्संग करताँ लांछन लागे चर्चा करे छे बाधुँ[११] गाम रे।
मीराँ के प्रभु गिरधर नागर चरण कँवल चित हाम[१२] रे॥

---

[१] संसार [२] लज्जा [३] जाते हुए [४] पैर [५] गाँव [६] स्थान [७] वहाँ [८] दौड़ कर [९] घर का काम ख़त्म नहीं होता [१०] याम, पहर [११] व्यर्थ [१२] हमारा

(१२५)

हरि बिण कूँण गती मेरी।
तुम मेरे प्रतिपाल कहिये मैं रावरी चेरी।।
आदि अंत निज नाँव तेरो हिया में फेरी।
बेर बेर पुकारि कहूँ प्रभु आरति[१] है तेरी।।
यौ संसार बिकार सागर बीच में घेरी।
नाव फाटी प्रभु पाल बाँधो बूड़त है बेरी[२]।।

(१२६)

हो जी म्हाँराज छोड़ मत जाज्यो जी।।
मैं अबला बल नाहिं गुसाईं तुमहिं मेरे सिरताज।
मै गुणहीन गुण नाहिं गुसाईं तुम समरथ महराज।।
रावली[३] होइ के किण[४] रे जाऊँ तुम हो हिवड़ारो[५] साज।
मीराँ के प्रभु और न कोई राखो अब के लाज।।

---

[१] कष्ट [२] नैया [३] आपकी [४] कहाँ, किस के पास [५] हृदय के

(१२७)

निपट बंकट[१] छबि अटके।
म्हाँरे नैणाँ निपट बंकट छबि अटके।।
देखत रूप मदन मोहन को पियत पियूख[२] न मटके[३]।
बारिज[४] भवाँ[५] अलक टेढ़ी मनो अति सुगंध रस अटके।।
टेढ़ी कटि टेढ़ी कर मुरली टेढ़ी पाग[६] लर[७] लटके।
मीराँ प्रभु के रूप लुभानी गिरधर नागर नटके।।

(१२८)

म्हाँरो प्रणाम बाँके बिहारी को।
मोर मुगट माथे तिलक बिराजै कुंडल अलकाँ कारी[८] को।।
अधर मधुर पर वंशी बजावै रीझ रिझावै राधा प्यारी को।
यह छबि देख मगन भइ मीराँ मोहन गिरवर धारी को।।

---

[१] बाँकी, तिरछी [२] अमृत [३] झपकती नहीं [४] कमल [५] भृकुटी [६] पगड़ी [७] लड़ी [८] काली

(१२९)

नैनन बनज[१] बसाउँ री जो मैं साहिब पाऊँ।।
इन नैनन मेरा साहिब बसता डरती पलक न लाऊँ री।
त्रिकुटी महल[२] में बना है झरोखा तहाँ से झाँकी लगाऊँ री।।
सुन्न महल[३] में सुरत जमाऊँ सुख की सेज बिछाऊँ री।
मीराँ के प्रभु गिरधर नागर बारबार बलि जाऊँ री।।

(१३०)

आवो सहेल्याँ रली कराँ हे पर घर गवण निवारि।।
झूठा माणिक मोतिया री झूठी जगमग जोति।
झूठा सब आभूखणा री साँची पिया जी री पोति[४]।।
झूठा पाट पटंबरा रे झूठा दिखणी[५] चीर।
साँची पियाजी री गूदड़ी जामे निरमल रहै सरीर।।
छप्पन भोग बुहाइ[६] दे हे इण भोगनि में दाग।
लूण अलूणों[७] ही भलो हे अपणे पियाजी रो साग।।
देखि बिराणो[८] निवाँण[९] को हे क्यूँ उपजावै खीज।
कालर[१०] अपणो ही भलो हे जामे निपजै[११] चीज।।

---

[१] कमल [२] भृकुटियों के मध्य में थोड़ा ऊपर [३] ब्रह्मरन्ध्र [४] काँचमणियों की माला [५] दक्षिणी, चटक रंगों वाला [६] बहा दो, फेंक दो [७] नमकरहित [८] बेगानी [९] नीची, उपजाऊ ज़मीन [१०] कल्लर ज़मीन, जहाँ कम उपज होती है [११] उपजती है

छैल बिराणो लाख को हे अपणे काज न होइ।
ताके सँग सीधारताँ[1] हे भला न कहसी कोइ॥
बर हीणो अपणो भलो हे कोढ़ी कुष्ठी कोइ।
जाके संग सीधारताँ हे भला कहे सब लोइ॥
अबिनासी सूँ बालबा[2] हे जिनसूँ साँची प्रीत।
मीराँ कूँ प्रभु मिल्या हे एही भगति की रीत॥

(१३१)

राणा जी मुझे या बदनामी लागे मीठी॥
कोई निन्दो कोई बिन्दो[3] मैं चलूँगी चाल अनूठी।
साँकली[4] गली में सतगुरु मिलिया क्यूँकर फिरूँ अपूठी[5]॥
सतगुरु जी सूँ बावज[6] करताँ दुरजन लोगाँ ने दीठी[7]।
मीराँ के प्रभु गिरधर नागर दुरजन जलो जा अँगीठी॥

(१३२)

थे मत बरजाँ[8] मादड़ी[9] साधाँ दरसण जाँवा॥
स्याम रूप हिरदां बसां म्हारे ओर णां भावाँ।
सब सोवाँ सुख नींदड़ी[10] म्हारे रैण जगावाँ॥
ग्याण नसाँ जग बाँवरा ज्याकूँ स्याम णा भावाँ।[11]

---

[1] जाते हुए [2] वल्लभ, प्रिय [3] प्रशंसा करो [4] संकरी, पतली [5] अनजान [6] वार्तालाप [7] देखा
[8] रोको [9] माई, सखी [10] नींद [11] उसका ग्यान नष्ट हो जाए जिसे श्याम अच्छे नहीं लगते

मा हिरदाँ बस्याँ सांवरो म्हारे णींद न आवाँ।।
चौमास्या री[१] बावड़ी ज्याकूँ नीर णा पीवाँ।
हरि निर्झर[२] अमृत झरत म्हारी प्यास बुझावाँ।।
रूप सुरंगा साँवरो मुख निरखण[३] जावाँ
मीराँ ब्याकुल बिरहिणी अपनी कर ल्यावाँ[४]।।

(१३३)

राणा जी थे जहर दियो म्हे जाणी[५]।।
जैसे कंचन दहत अगिन में निकसत बाराबाणी[६]।
लोकलाज कुल काण जगत की दइ बहाय जस पाणी।।
अपणे घर का परदा कर ले मैं अबला बौराणी।
तरकस तीर लग्यो मेरे हिय में गरक[७] गयो सनकाणी[८]।।
सब संतन पर तन मन वारौं चरण कँवल लपटाणी।
मीराँ को प्रभु राख लई है दासी आपणी जाणी।।

(१३४)

अँखियाँ श्याम मिलन को प्यासी।।
आप तो जाय द्वारका छाये लोक करत मेरी हाँसी।
आँब की डारी कोयल बोले बोलत शब्द उदासी।।
मेरे तो मन में ऐसी आवत है करबत लूँ जाय कासी।
मीरा के प्रभु गिरधर नागर चरन कमल की दासी।।

---

[१] चौमासे की, बरसात के जल की [२] झरना [३] देखने [४] स्वीकार कर लो [५] मैं जान गई हूँ
[६] स्वच्छ [७] गहरे बिंध गया [८] तेज़ी से

(१३५)

अखयाँ तरशां[१] दरसण प्यासी।।
मग जोवाँ[२] दिण बीताँ[३] सजणी रैण पड़्या दुखराशी[४]।
डारा बैठा कोयल बोल्या बोल सुण्या री गासी[५]।।
कड़वा बोल लोक जग बोल्या करस्याँ[६] म्हाँरी हाँसी।
मीराँ हरि रे हाथ बिकाणी जणम जणम री दासी।।

(१३६)

धूतारा[७] जोगी एकर[८] सूँ हँसि बोल।।
जगत बदीत[९] करी मनमोहन कहा बजावत ढोल।
अंग भभूत गले मृगछाला तू जन गुठियाँ[१०] खोल।।
सदन सरोज बदन की शोभा ऊभी[११] जोऊँ कपोल।
सेली नाद बभूत न बटवो अजूँ मुनी मुख खोल।।
चढ़ती बैस[१२] नैण अणियाले[१३] तूँ घरि घरि मत डोल।
मीराँ के प्रभु हरि अबिनासी चेरी भइ बिन मोल।।

---

[१] तरसती हैं [२] देखते देखते [३] दिन बीत गया [४] अथाह दुःख [५] वियोग-व्यथा और गहरी हो जाती है [६] करते हैं [७] कपटी [८] एक बार [९] विदित, प्रसिद्ध [१०] रहस्य, गाँठ [११] खड़ी खड़ी [१२] चढ़ती उम्र, युवावस्था [१३] तीखे

(१३७)

नागर नंदकुमार लाग्यो थारो[१] णेह।।
मुरली धुण सुण बीसराँ म्हारो कुणवो गेह[२]।
पाणी पीर न जाणई मीण तलफि तज्याँ देह।।[३]
दीपक जाण्या पीर णा पतंग जल्या जल खेह[४]।
मीरा रे प्रभु साँवरे रे थें विण देह अदेह[५]।।

(१३८)

पिया मोहिं दरसण दीजै हो।
बेर बेर[६] मैं टेरहूँ अहे क्रिपा कीजै हो।।
जेठ महीने[७] जल विणा पंछी दुख होइ हो।
मोर आसाढ़ां[८] कुरलहे[९] धन चात्रग[१०] सोइ हो।।
सावण[११] मैं झड़ लागियो सखि तीजाँ खेलै हो।
भादवै[१२] नदिया बहै दूरी जिन[१३] मेलै हो।।
सीप स्वाति ही झेलती[१४] आसोजां[१५] सोई हो।
देव काती[१६] में पूजहे मेरे तुम होई हो[१७]।।

---

[१] तुम से [२] घर परिवार [३] मछली पानी के बिना तड़प कर शरीर छोड़ देती है पर पानी उसकी पीड़ा को नहीं जानता [४] भस्म [५] आपके बिना देह होते हुए भी मृतक ही हूँ [६] बार बार [७] ज्येष्ठ मास [८] आषाढ़ मास [९] करुण पुकार [१०] चातक [११] श्रावण मास [१२] भादों, भाद्रपद मास [१३] जनि, नहीं [१४] धारण करती है [१५] आश्विन (क्वार) मास [१६] कार्त्तिक मास [१७] मेरे देवता तो तुम्हीं हो

मगसर[1] ठंड बहौती पड़ै मोहि बेगि सम्हालो हो।
पौष[2] मही पाला घणा अबही तुम न्हालो हो।।
महा महीं बसंत पंचमी फागा[3] सब गावै हो।
फागुण[4] फागाँ खेल हूँ बणराइ[5] जरावै हो।।
चैत चित्त में ऊपजी दरसण तुम दीजै हो।
बैसाख[6] बणराइ फूलवै कोइल कुलरीजै हो।।
काग उड़ावत दिन गया बूझूँ पिंडत[7] जोसी[8] हो।
मीराँ बिरहिणि ब्याकुली दरसण कब होसी हो।।

(१३९)

मेरे घर आवौ सुन्दर स्याम।
तुम आयाँ बिन सुध नहिं मेरे पीरी[9] पीरी जैसे पाण[10]।।
मेरे आसा और ण[11] स्वामी एक तिहारो ध्यान।
मीराँ के प्रभु बेगि मिलो अब राखो जी मेरो मान।।

(१४०)

मैं तो तोरे चरन लगी गोपाल।
जब लागी तब कोय न जान्यो अब जानी संसार।।
किरपा कीजौ दरसण दीजौ सुध लीजौ ततकाल।
मीराँ कहे प्रभु गिरधर नागर चरण कमल बलिहार।।

---

[1] मार्गशीर्ष (मग्घर) मास [2] पौष मास [3] फाग [4] फाल्गुन मास [5] वृक्षों की फूलों से लदी पंक्तियाँ
[6] वैशाख मास [7] पंडित [8] ज्योतिषी [9] पीली [10] पान के सूखे पत्ते जैसी [11] न

(१४१)

मुरलिया बाजाँ जमणा तीर॥
मुरली म्हारो मण हर लीन्हों चित्त धराँ णा धीर।
स्याम कन्हैया स्याम कमरिया स्याम जमण रो नीर॥
धुण मुरली सुण सुध बुध बिसराँ जर जर म्हारो शरीर।
मीराँ रे प्रभु गिरधर नागर बेग हर्‌याँ म्हा पीर॥

(१४२)

भइ हों बावरी सुन के बाँसुरी हरि बिनु कछु न सुहाये माई।
श्रवण सुनत मेरी सुध बुध बिसरी लगी रहत तामें मन की गांसु[१] री॥
नेम धरम कोण कीन मुरलिया कोण तुम्हारे पासु री।
मीराँ के प्रभु बस कर लीने सप्त तनानि[२] की फांसु[३] री॥

(१४३)

आज अनारी लै गयौ सारी[४], बैठ कदम की डारी, हे माय॥
म्हारे गेल[५] पड़्या गिरधारी हे माय।
मैं जल जमुना मां भरन गई थी आ गयो कृष्ण मुरारी हे माय॥
ले गयो सारी अनारी म्हारी जल में उभी[६] उघारी[७] हे माय।

---

[१] मन की गाँठ उसी में बंध जाती है [२] सात स्वरों [३] बंधन [४] साड़ी [५] पीछे [६] खड़ी, ठहरी
[७] बिना वस्त्रों के

सखी सयानी मोरी हँसत हैं हँसि हँसि दे मोहि तारी हे माय॥
सास बुरी अरु ननद हठीली लरि लरि दे मोहि गारी हे माय।
मीराँ के प्रभु गिरधर नागर चरण कमल की वारी हे माय[१]॥

(१४४)

कहाँ कहाँ जाऊँ तेरे साथ कन्हैया।
बिन्द्राबन की कुंज गलिन में गहे लीन्हों मेरो हाथ॥
दध[२] मेरो खायो मटकिया फोरी लीणो भुज भर साथ।
लपट झपट मोरी गागर पटकी साँवरे सलोने लोने[३] गात॥
कबहुँ न दान लियो मनमोहन सदा गोकल आत जात।
मीराँ के प्रभु गिरधर नागर जणम जणम के नाथ॥

(१४५)

गोहने गुपाल फिरूँ ऐसी आवत मण में।
अवलोकत बारिज बदन बिबस भई तण में॥
मुरली कर लकुट लेऊँ पीत बसन धारूँ।
काछि[४] गोप भेष मुकुट गोधन सँग चारूँ॥
हम भई गुल्म लता बिन्द्राबन रैनाँ।
पसु पंछी मरकट सुनी श्रवन सुनत बैनाँ॥
गुरुजन कठिन कानि[५] कासों री कहिए।
मीराँ प्रभु गिरधर मिलि ऐसे ही रहिए॥

---

[१] माई, सखी [२] दही [३] सुन्दर, कोमल, लावण्ययुक्त [४] सजा कर, धारण करके [५] मर्यादा

(१४६)

लगण को नाँव न लीजै री भोली।।
लगण लगी को पैंडो[१] ही न्यारौ पाँव धरत तन छीजै[२]।
जै तूँ लगण लगाई चावै तौ सीस की आसन[३] कीजै।।
लगण लगी जैसे पतंग दीप से वारि फैर[४] तन दीजै।
लगण लगाइ जैसे मिरग नाद से सनमुख होय सिर दीजै।।
लगण लगाइ जैसे चकोर चंद से अगनी भक्षण कीजै।
लगण लगी जैसे मछियन जल से बिछड़त हीं तन दीजै।।
लगण लगी जैसे भँवर पुसप से फूलन बीच रहीजै[५]।
मीराँ के प्रभु गिरधर नागर चरण कँवल चित दीजै।।

(१४७)

बन्दे बन्दगी[६] मत भूल।
चार दिनाँ की करले खूबी ज्यूँ दाड़िम दा[७] फूल।।
आया था ए लोभ के कारण मूल गमाया[८] भूल।
मीराँ के प्रभु गिरधर नागर रहना है बे हजूर[९]।।

---

[१] रास्ता [२] क्षीण होने लगता है [३] सिर के बल पर खड़े होना या सिर कटा कर उसे आसन बनाना [४] निछावर करना [५] फूलों में बंद हो जाता है [६] सेवा, वंदना [७] अनार का [८] गँवाया [९] सामने

(१४८)

लगण म्हाँरी स्याम सूँ लागी णेण[१] णिरख[२] सुख पाय।
साजा सिंगार सुहाणा सजणी प्रियतम मिल्या धाय।।
बरणाँ[३] बर्‌या[४] बापुरी[५] जणम्या[६] जणम[७] णसाय[८]।
बर्‌याँ साजण साँवरों री म्हारो चुड़लो[९] अमर हो जाय।।
जणम जणम रो काण्हडो[१०] म्हारी प्रीत बुझाय।
मीराँ रे प्रभु हरि अबिनासी कबरे मिलस्यो आय।।

(१४९)

राणा जी हूँ अब न रहूँगी तोरी हटकी[११]।
साध संग मोहि प्यारा लागै लाज गई घूंघट की।।
पीहर मेढ़ता छोड़ा अपना सुरत निरत दोऊ चटकी[१२]।
सतगुरु मुकर दिखाया घट का नाचुँगी दे दे चुटकी।।
हार सिंगार सभी ल्यो अपना चूड़ी कर की पटकी।
मेरा सुहाग अब मोकूँ दरसा[१३] और न जाने घट की।।
महल किला राना मोहिं न चहिये सारी रेसम पट की।
हुई दिवानी मीराँ डोलै केस लटा सब छिटकी[१४]।।

---

[१] नैन [२] निरख, देख कर [३] वर को [४] वरण करना [५] बावरी, पगली [६] जन्म लेकर [७] जन्म [८] नाश हो जाता है (ऐसे वर का क्या वरण करना जो जन्म लेता और मर जाता है) [९] सुहाग [१०] कन्हैया [११] तुम्हारे हटाने से हटूंगी नहीं [१२] प्रवृत्ति और निवृत्ति दोनों समाप्त हो गई हैं [१३] दिखाई दे गया [१४] बालों की लटें सब बिखर गईं

... और अंत में आरती के यह दो पद...

(१५०)

स्याम तेरी आरति मागी हो।
गुरु परतापे[१] पाइया तन दुरमति भागी हो।।
या तन को दियरा करौं मनसा करौं बाती हो।
तेल भरावौं प्रेम का बारौं दिन राती हो।।
पाटी पारौं[२] ज्ञान की मति माँग सँवारौं[३] हो।
तेरे कारन साँवरे धन जोबन वारौं हो।।
यह सेजिया बहु रंग की बहु फूल बिछाये हो।
पंथ मैं जोहूँ स्याम का अजहूँ नहिं आये हो।।
सावन भादों ऊमड़ो हो बरषा रितु आई हो।
भौंह[४] घटा धन घेरि के नैनन झरि लाई हो।।
माता पिता तुम को दियो तुम ही भल जानौ हो।
तुम तजि और भतार[५] को हिरदै नहिं आनौं हो।।
तुम प्रभु पूरन ब्रह्म हो पूरन पद दीजै हो।
मीराँ ब्याकुल बिरहिनी अपनी कर लीजै हो।।

---

[१] कृपा से [२] पट्टी पढ़ूँ [३] बुद्धि की मांग सजाऊँ [४] भृकुटी रूपी घटाएँ [५] भर्त्ता, पति

(१५१)

पिया मोहि आरति तेरी हो।
आरति तेरे नाम की मोहिं साँझ सवेरी हो।।
या तन को दिवला[१] करूँ मनसा की बाती हो।
तेल जलाऊँ प्रेम को बालूँ दिन राती हो।।
सेजड़िया[२] बहु रंगिया[३] चंगा फूल बिछाया हो।
रैण गई तारा गिणत प्रभु अजहुँ न आया हो।।
आया सावन भादवा बर्षा ऋतु छाई हो।
स्याम पधार्‍या सेज में सूती[४] सैन[५] जगाई हो।।
तुम हो पूरे साइयाँ पूरा सुख दीजै हो।
मीराँ ब्याकुल बिरहिणी अपणी कर लीजै हो।।

---

[१] दीपक [२] शय्या [३] बहुरंगी [४] सोई हुई को [५] संकेत से